通家人师

南怀瑾

劳政武◎著

浙江人民出版社

图书在版编目（CIP）数据

通家人师南怀瑾 / 劳政武著. —杭州 ：浙江人民出版社，2018.4

ISBN 978-7-213-08712-7

Ⅰ. ①通… Ⅱ. ①劳… Ⅲ. ①南怀瑾(1917—2012)-人物研究 Ⅳ. ①K825.46

中国版本图书馆 CIP 数据核字(2018)第 060051 号

通家人师南怀瑾

劳政武　著

出版发行　浙江人民出版社(杭州市体育场路 347 号　邮编　310006)
　　　　　市场部电话：(0571)85061682　85176516

责任编辑　潘海林

责任校对　戴文英　王欢燕

电脑制版　杭州大漠照排印刷有限公司

印　　刷　浙江新华数码印务有限公司

开　　本　710 毫米×1000 毫米　1/16

印　　张　14.75

字　　数　213 千字

插　　页　1

版　　次　2018 年 4 月第 1 版

印　　次　2018 年 4 月第 1 次印刷

书　　号　ISBN 978-7-213-08712-7

定　　价　48.00 元

如发现印装质量问题，影响阅读，请与市场部联系调换。

前言

——本书要旨、方法和缘起

我忝列南怀瑾老师的门下30余年，受他全面教导和关怀，真是师恩浩荡呵！值他百年诞辰，乃花费了整整一年的时间撰成此书，望有以回报于万一。

更重要的是，2012年9月29日南先生逝世时，时任国务院总理温家宝先生，立即致函表示深切的哀悼并慰问家属。函中云：

先生一生为弘扬中华文化不遗余力，令人景仰。

切盼先生学术事业在中华大地继续传承。

此言代表了中央政府对南先生毕生功德成就的肯定和褒扬，也表示了传承南先生学术事业的期望。诚如古人说“检士行，扶世道”“故公赏，则赏一人而千万人劝”！温总理此言，含意何等深远！但怎样传承？思及“继志述事”本是门生的本分，我于是下定决心，抛开一切俗务，专心致志，撰成本书。

本书旨在探明三个大问题：

南怀瑾到底是一位什么性质的老师？

他连小学文凭都没有，为何有这般大的成就？

他留给社会的主要贡献是什么？

本书分为八章，就是要阐明这三大问题。

至于研究方法，主要根据是南先生的著述、我 30 余年亲炙老师的实际经验，他的家属及其他门人的相关著作。此外，再加上我研究相关文化问题之心得作补充，如此当有助于读者作深层理解。

各章的内容大致是：

第一章，说明笔者有幸认识南怀瑾老师的原因，并概述了我受教 30 余年的过程。最后，强调对我人生最关键的两项影响。

第二章，描述老师的品格。虽然我是他的学生，但自信此描述有高度的客观性，因为：我不是用美丽的辞藻来作抽象的颂扬，而是依据事实证得如下结论：他是一位高明博大的接引者。海内外无数的“凡人”，因他的接引而进入儒家、道家、佛家之门，使很多人重新认识了中华文化。这种功德显然是不世出的，当代难有其他的著名学者或大师有同等的贡献了。

第三章，旨在探究南老师之所以“高明博大”的原因。我举出多件实事，以证明老师是何等的好学、超乎常人的不断进步。正如孔子所说：“十室之邑，必有忠信如丘者焉，不如丘之好学也。”（《论语·公冶长》），南老师是当世我见过最好学、最能“与时俱进”的人，这乃是我民族后起之秀应效法的典范。

第四章，叙述南先生爱民族爱国家的各种实际作为。一个人对国家有所贡献并不稀奇，难得的是有很多大贡献而毫不居功，坚守一个“方外人”的分寸。这是古代高士的风格！他正是“今之古人”，在当世恐怕难以找到第二位了。

第五章，旨在阐明南先生的儒家思想和行宜。南先生虽然兼通儒、释、道乃至诸子百家，但他最重视的仍然是儒家，这从他最重要的代表作《论语别裁》就可以看出来了。本章也是以此书为纲，旁及有关问题，来阐明他的思想和实际做法。

第六章，旨在阐明南先生的佛家思想和行证。他是一位虔诚的佛门子弟，但佛门有很多宗派，本章就是要明白地分辨出他走的是“禅宗净名路线”。因为佛教典籍浩如烟海，佛门义理深奥而难以通晓，故不揣浅陋，本章尽我所知，以“维摩经探微”“禅宗大意”两节作较详细的开展性叙述，方便读者理解南先生的有关思想。

第七章，旨在阐明南先生的道家思想和行持。南先生在 1942 年正式拜禅宗大师袁焕仙先生为师之前，他的道家根底已极深厚，即使到了台湾之后，仍未忘情于道教术数的求知。是以本章主要内容，就是以南先生的“访道求仙”过程为经，以他对道家的观点和修持为纬。然而道家包罗万象，道教典籍庞杂，一般人实难通晓，故依我近年研究所得，归为本章的“道家几个重点问题”和“道教经典问题”两节的内容，此内容是南先生相关著作中少见涉及的，如此或有助于大众对道教的理解。

第八章，其性质虽属全书的结论，但内容多是前 7 章的延伸，即阐明中华文化必须吸收世界各国文化的精华才能自我壮大；进而阐明，中国不应只求壮大自己为已足，还要致力于世界大同的终极建构，这才是“中国梦”的圆满实现。

其次，应当说明的是，本书既以“研究”为主要目的，故采用较严谨的学术撰编形式。即“章”以下分“节”；章有名号，节则不表数列。节以下有“项”，项亦标明数列。如内容较多的项，可分为“目”，目则以阿拉伯数字表示之。每章之后，必有“附注”。附注的形式有二：一是出处注，即载明所用资料的来源；这既关系到学术忠诚，也为了方便读者作进一步的研究。二是解释注，有些问题应加以说明又不便在正文夹杂的，则放在注中。此外，每章之后多有“附载”，都是重要且同正文关系密切的文章，但不便夹入正文，故以附载方式，供读者完整地了解。

再次，有三个名词（行宜、行证、行持）在此解释一下。中国人所谓“学问”，自古以来就不像西方一样只是见闻性的知识追求，而是包含实践的“知行合一”。所以，中国的儒、释、道三家，同样是重“行”的，但说法却有些不同：第五章主旨是儒家，称为“行宜”；第六章主旨是佛家，称为“行证”；第七章主旨是道家，称为“行持”。据何云然？韩愈曰：“行而宜之之谓义”，儒家讲究礼义，符合礼义的实践才合“宜”。佛家讲究“行证”，80 卷《华严经》，目录就是以“信、解、行、证”四大纲目为分类的。道家追求“长生久视”，无论修炼何种功夫，必须持久有恒才能成功，故讲究“行持”。要而言之，儒、释、道三家均重视实践行动，却有不同的微旨，故第五、六、七章章名分别以行宜、行证、行持彰显之。

最后，谈谈此书产生的缘由。南老师逝世后，我心里一直惦念着应好好地写一本书纪念他，以尽一个受益 30 余年的门生之本分。但写一本书谈何容易啊！当时我忙于各种事务难以静心，所以只好把有纪念价值的拙著《古今法律谈》细加修正，并加上必要的说明，于 2013 年 7 月出版。因为南老师当年就是看到这本书，才叫学生找我去见面的，所以有纪念价值。

2016 年 9 月，我与仍住在太湖畔南师故居的释宏忍法师通电话，她率先提起 2018 年 3 月 18 日是南老师的百年诞辰，建议我写篇学术性的文章来纪念。我想，这是我应做、想做而未做的事。随后，她寄来一些参考书。并此致谢!

此书自 2016 年中秋开始构思，今年春节动笔，努力了大半年才完成初稿。其间赖内人梁小丽（攸慧）女士内外操劳，家中小孩多由她照顾，广东开平农场事务也由她前往处理，“净名文化中心”事务又由她料理，而本书每章成稿就由她打字。所谓“贤内助”，她当之无愧。

本书成稿后，多蒙许惠玲女士费心校正。她是文学硕士，水平甚高，惠我书良多！特致谢忱。

书名蒙好友郭先伦（湛然）先生品题。他是一德书会会长，著名的书法家。其书法为本书增光，特此致谢。

最后，向南国熙贤弟致意，本书能在大陆出版，是他促成的。他是南老师的最幼哲嗣，美国西点军校毕业，为人忠诚干练，今在香港特别行政区主持“南怀瑾文化基金会”，继承父亲志业，成绩斐然，可谓大孝矣!

劳政武　谨识
2017 年 10 月

目　录

CONTENTS

第一章
忝列门墙经纬

年逾古稀还能写这样的长篇作品，不管写得好不好，此事本身就值得自感安慰。我常自省，如果说我这一生还算没有白活的话，应该归功于三大因素：一是父母的生养。我自幼对世界怀有强烈的好奇心，正是一生求知的原动力，完全来自父母的遗传。二是我有奇异的遭遇。我的少年时期历尽坎坷颠沛，青壮年后却有安宁的求学机会，用佛家语言来形容，可谓是"依报殊胜"了。三是我有幸得到多位优秀老师的垂教，陶铸成现在的我。

动笔写这本书时，我已经 73 岁了，超过孔子的寿期。年逾古稀还能写这样的长篇作品，不管写得好不好，此事本身就值得自感安慰。我常自省，如果说我这一生还算没有白活的话，应该归功于三大因素：一是父母的生养。我自幼对世界怀有强烈的好奇心，正是一生求知的原动力，完全来自父母的遗传。二是我有奇异的遭遇。我的少年时期历尽坎坷颠沛，青壮年后却有安宁的求学机会，用佛家语言来形容，可谓是“依报殊胜”了。三是我有幸得到多位优秀老师的垂教，陶铸成现在的我。细数自小学到博士班教过我的恩师，影响最深远的就是南公怀瑾老师了。

上述第一、二个原因，既然与本书主题无关，那就留待将来有机会撰自传时再详言吧。现在，只说第三个因素中的南老师。

奇特的见面因缘

约在 1977 年中，那时我是台北市的一名公务员。公余之暇，在台北《民族晚报》写“古今法律谈”专栏，每周发表两篇，不得不常参考各种典籍。有一天，在图书馆看到一本《论语别裁》，直觉其内容应是解释孔子思想的。我信手拿来翻翻，该书引证诸多佛家、道教、历史故事，乃至诗词杂说，其风格与同类著作大不相同，十分吸引人。我便借回家一口气看完了。从此，“南怀瑾”的大名便深深印入我的脑海，我觉得此人必有不凡的功底。

记得有一次在叶潜昭律师事务所与工读生劳嘉建[1]聊天，他当时在台湾中国文化大学攻读哲学。我问他知不知道南怀瑾，他答道："听老师说，南怀瑾是搞神秘学的"！听他这么一说，我对这个人就更想知道了。但这想法只是一种"悬念"。因我当时忙于各种俗务，未能主动去追寻"答案"。直到两年后，一段奇特的因缘到来，方促成我见到这位心仪已久的奇人。

先是，1978 年 12 月 5 日发生了震动社会的"中山堂事件"，我顿时成了新闻人物。这事件似乎产生了"蝴蝶效应"，又犹如抛一块瓦片到湖中，水面立即划出一波波的涟漪。此事影响了相当多的人之想法和做法[2]。当时，有几位在一家私人公司上班的年轻人看到报纸登的这则消息后，义愤填膺，便以戴家文女士为首，组织了一个"爱国同心会"团体[3]，专门在下班或假日到街头散发传单、贴标语，表达民间的反"台独"心声。这种举动，很快便吸引了更多的年轻人加入，成为基层反"台独"的主力。

在这团体成员中，有位热血青年曹砺铁，当时在一所中学任教。他主动找到我，邀我参加这个团体的聚会。交谈中，他提到自己常到南怀瑾先生那里听课，受益很大，建议我不妨也去听听。我一听"南怀瑾"三个字，心想："这不是我心仪很久的人吗？"于是很快通过他见到了南老师，这是 1979 年初的事。我后来才知道，南老师在报纸上看了"古今法律谈"专栏，随后又看到我闹出"中山堂事件"，才要曹砺铁找我去见他的。[4]

虽说我天生好奇，但对人的观察力很弱，每次初见一个人都不会留下什么印象，要交往多次才会记得。可是，初见南先生，立即印象深刻。当时他已年逾 60 岁，但双目黑白分明，炯炯生光；他相貌清奇，让人觉得很舒服。他身材矮小，我身高 164 厘米，他比我还要矮一点，但他的动和静却洋溢着一种威严。他问了我一些出身、年纪等事，语气十分亲切。总之，南老师给我第一印象便是古语里的一句话"望之俨然，即之也温"。这，大概就是书中常说的"不凡气质"吧。

受益良多

此后两年，因为我当时兼《疾风》杂志的总编和主笔，后来又自办《龙旗》月刊，每天都为写稿、组稿或开会的事忙得不可开交。但不管怎样忙，遇到重要之事，多是拜谒南师向他请教，受益良多。

以下几件事是记在我日记上的真人实事：

一、研究戒律

初见南师，他就称赞我《古今法律谈》写得很好，有价值。他还说："我以为你是一位中年学者，想不到你还这么年轻！你今后如果研究佛教的戒律，一定有成就。"那时，我根本不知佛教戒律是什么，他顺手就在一张便条纸上写下了"四分律、五分律、十诵律"等字，说这些都是戒律的名称，要我研究。这些名词我从未见过，心里十分好奇，从此就对戒律的事关注起来了，终于在 20 年后写成了 45 万字的（戒律学原理）博士论文《佛教戒律学》，而南老师手写那张便条我一直保存到现在。这篇论文随即在新文文化出版社出版。如果不是南老师的引导，我根本不可能有此念头，更不用说出版此书了。

二、刻意栽培

南老师见了我之后，便对我刻意栽培。只是当时我才 30 多岁，对人情世故没有深刻的了解，日后想起几件事，才有所领悟。

第一件事是送书给我。初见老师不久，他便命大儿子南一鹏和得力门生古国治两人搬了一套《正统谋略学》来我家。这套书共 30 多册，是南老师亲自选辑的中国重要典籍奇书，包括《黄石公素书》《太公阴符经》《范子计然》《郁离子》《太白阴经》《长短经》《黄书》《权书》《鹖冠子》《鬼谷子》《魏武兵法》《曾胡兵法》等，是一般人极少读的。我虽自小爱看书，但从未看过这些书，多数连书名都未见过。他主动遣弟子给我送书，当然是希望扩大我的知识领域。至于每次见他，常送我一些他的著作，或送一些坊间罕见的著作，如《谐铎》《二十五史弹词》《初谭集》《曾文正公日记》《增广智囊补》，等等。那时，我的专业是法律，中国法制史是我硕士论文的主题，知识领域其实很狭窄，对南师指引的典籍未能完全看懂，但自此拓宽了自己的视野，觉得法律这个专业实在没有意思，很快辞掉法制编审职务，转行去办《龙旗》杂志。

第二件事是指定研究范域。南老师认为，研究佛教戒律学固然重要，但不能“就戒言戒”，孤立地在这个范畴中研究是不能有所成就的，所以他要我多注意《礼记》中的“访记”“学记”“儒行”和“礼运”等篇的精神，乃至西方哲学中的“伦理学”“道德哲学”等，才可望有较大成就。《礼记》虽是儒家经典，但一般大学毕业生熟习儒家的“四书”（《论语》《孟子》《大学》《中庸》）就不错了，极少有人去看《礼记》，老师如此引导，着实令我受益匪浅。

第三件事是刻意安排我接触一些高层人士。1980 年底，南师开了一门很特殊的课，即每逢周四晚 7：30—9：30 讲《春秋左传》。所谓“特殊”，倒不是课程的内容，而是前来听课的有不少高层人士，王升、马纪壮、崔之道、萧政之、阮成章、大学校长余传韬（余家菊之子、陈诚女婿）、大财主蔡辰洲、蔡辰男等[5]。

南老师特别叮咛我到这个班听课，名义是做记录。根据我的日记，我首次参加的日期是 1980 年 11 月 27 日。老师这一安排，其用心就是让我有机会接触上流社会人士，一来开阔眼界，二来说不定助我更上一层楼。但我当时不识“抬举”，每天忙于筹办《龙旗》[6]，根本没有心思攀附那班权贵，参加不到 10 次，就不去了，老师必感失望。此事多年后想来，自觉惭愧不已，实负老师苦心。

三、严肃苛责

南师素来视学生为朋友，一概以和蔼客气相待。但若学生的言行有错误，必加导正；如有原则性大错，则毫不客气地予以严肃苛责，这时才显出他作为一位老师的威严。有些学生受不了老师的严责，便从此离开南门；还有极少数的人心生怨愤，甚至在外发表忤逆师门的言论。我在南门久了才了解到，老师对某人苛责，其实是爱护他，认为“孺子可教也”才会如此。如果他认为此子根本不可教，就不再理他了。其实，他的苛责正是禅宗传统考验方式，它针对你的起心动念的错误，来一记“当头棒喝”，如果你通过了，就会悟到高一层的境界；反之，你如果受不了，就是通不过这种考验。我亲身经历过三次这样的苛责，深感获益匪浅。

第一次是为求书法家写字。1980 年冬，我决定创办《龙旗》月刊，想请一位书法家写刊名。为此事特去请教南老师，他立即爽快答：“可以，请王凤峤书写。”我也知道王先生的书法好，但觉得用他的隶体做刊名不够活泼，所以提出若请李超哉先生写又如何？老师说：“那也可以。”李先生是有名的书法家，很多地方都可以看到他的行书，气势一流的。于是我对老师说：“不如分别请王、李二位各写一幅，比较一下哪个适合，再决定作刊名如何?”老师一听此言，顿时睁圆双睛大喝一声：“你是在胡闹！竟可以这样对待文化人？你以为自己比他们二人高明吗?”他的态度令我大吃一惊！我的确没有意识到自己的想法完全错误，请大师级的人先拿出作品来让自己比较一番，再决定取舍，如此则是对书法大师的大不敬了。全靠老师的这一棒喝，我从此不敢再犯。

第二次是我心怀善意地带一位会写文章的女子去见老师，结果又被严词苛责。当时，我常与传媒界人士来往，认识了一位颇有才华的黄姓小姐，但她的见解比较偏激，所以我想帮她忙，希望见了南老师会对她有所帮助。老师见了她，只对她说些应酬话，没谈多久，我们只好告辞。隔天我再去看老师，问他对此女子的印象如何，想不到他严肃地苛责：“你不要自以为是观世音菩萨！这种人不是你能改变的。”老师此言令我不明所以，我从未被人如此责备过，一片好心有何不对？老师并不针对我的疑惑而解说，却旁敲侧击地说了一件事：“前几天，一位周同学带了一名女子来我这里，她侃侃而谈，说了一大堆‘女性主义’的话，还送我一本女性主义的书。你知道我怎样回应她吗？我说：‘你的主张我连双脚都举起来赞成！’她走后我对周同学说，这种女子必然照她自己的个性去做的，你休想改变她分毫！”老师的教训，对我一生影响很大，自此领悟到：即便是好事，若超过自己能力的也不可去做，所谓“白费心之事不可为”是也。后来，我学佛深入了，进一步了解到过分好管闲事也是一种自傲，是“我慢”的一种形态。佛教唯识论将此列为六种根本烦恼（贪、嗔、痴、慢、疑、不正见）之一，很多能干的人往往犯此毛病而不自知，老师真是一言惊醒了梦中人！

第三次是对我不知健身的苛责。我自幼从未有人指点过怎样锻炼身体，以致小病不断。幸而没有大病，这可能是天生体质还不算差之故。1993 年到了香港之后，常常感冒，又患有多年的痛风，双膝常常突然红肿得不能走路，十分痛苦。老师每次见我，常说：“你受风寒了”，并开些中药让我服用。始初他说这话我不太相信，我明明很好，哪有什么“风寒”？但不过三天我便感冒了，几次经验令我认识到：老师真有高明的医术。有一次见他，他竟严肃苛责我：“你这个人怎么搞的？年纪轻轻的就常常生病。你要知道身体是可以锻炼好的嘛。我自小体弱多病，一生靠吃药和锻炼才到今天！”身体可以锻炼好？这种观念我从未有过，我一直误会古人说“生死有命”，人对自己的身体的好坏是无能为力的，所以就放任了。老师此言好比醍醐灌顶，从此我就留心弄好身体。自 1996 年夏天开始，我每天睡前吃一枚西柚（又称为葡萄柚），每天早上去九龙葵涌山上练一套“九如操”，更坚决戒了抽烟的习惯，有机会就打坐。这样不断地锻炼了几年，体质渐渐改变，到今天廿几年来什么病都没有了，每天自感精神很好，70 多岁还能写作。近年细看了许多道教的典籍，如早期的《太平经》《周易参同契》等，南北朝至隋唐间的《抱朴子内篇》《黄庭经》等，宋元明以后的《性命圭旨》《乐育堂语录》等，这些道教重要典籍都有一个共同点，就是主张“我命由我，不由天”，这里所说的“命”，不是指天命或宿命之“命”，而是指生命，即身体机能。道教向来重视“修命”与佛教重在“修性”有所不同。我这才领悟到，老师是真正通透了佛教和道教的修持原理和方法的。我幸有南老师指点，否则不会有今天。

物壮则老

如前所述，我是在 1979 年初因一段奇缘，才见到老师的。自此以后，虽然常去请益，他也对我爱护有加，使我拓宽了视野、检点了一些不良习气，总之是提升了人生境界，这对一个 30 多岁的人来说是极为重要的。可是，直到 1985 年 7 月他远去美国之前，我始终未能成为常侍老师的入室弟子，他因而多次半开玩笑地说：“这个劳政武呵，他来这里是观光的！”

多年以后，我回想起这几年发生的一切，无论对南师的弘教事业，或对我个人的境遇来说，都应验了老师常引用的那句《老子》之言“物壮则老”。

就南老师的弘教事业来说。如前所述，自 1980 年底他开设了一个“特别班”，学员几乎囊括了当时最有权势的一群人物，其中最受注目的人就是王昇。这个极盛期大约延续了三年，一些流言就出来了，主要是说南怀瑾打算建立一个“新政学系”。流言传到了我的耳朵里，有位胡姓朋友打电话问我：“听说你常到南怀瑾那里听课，你看他是不是在建立一个新政学系呀？”他的话令我大吃一惊，这是对南老师的最大侮辱！南师教人的是从名利场中超脱出来，所谓“敝屣功名，粪土富贵”——把世俗的功名利禄看作一双破鞋，丢掉不足惜；把世俗的荣华富贵看作粪土般一文不值，他怎么会搞“新政学系”呢？我原本对“新政学系”一无所知，恰在此段期间每周三次到滕杰先生寓所听他讲自“九一八事变”以来的历史，才知“新政学系”是一个专门研究如何做官的派系，这是国民党在大陆时的一个党内大派系，与之明争暗斗的就是滕杰领导的“复兴社”派系及陈立夫领导的“CC 派”。来台的人只有张群为首的少数几个人，势力并不大。如今居然有流言指这个禅宗大师为“新政学系”，未免太可笑了。可是政治上的流言不是空穴来风，不久王昇便被蒋经国解职。

至于我个人的事业，这几年间也起了大变化。如前所述，自 1978 年底我闹出“中山堂事件”，成为一个新闻人物以后，接着主导了《疾风》杂志，1988 年 9 月 8 日又闹出一个“中泰宾馆事件”。次年，独资创办《龙旗》月刊，在滕杰先生的指导下，很快成为读者喜爱的刊物。我的“事业高峰期”大约只持续了五年，在别人眼中也许很风光，其实我每天忙得不可开交，而且心中日增彷徨。我有种不祥的预感：“这种日子不会久了。”

先是，早在 1982 年，南老师就对我说：在天下大运上，过去 30 年旺在东方，故我们能过这段安定的日子，但未来却转运到西方了，你有机会应向西方走才有发展，云云。他所说的“西方”就是海峡的另一边大陆，但当时的环境，又如何能到大陆呢？老师此言令我好生纳闷，又不好进一步请问。我主编的《疾风》和《龙旗》都是针对“台独”分子的。那时，“台独”分子尚未成立“民进党”，自称为“党外人士”。他们做了两件事：一是办各种杂志，全力攻击蒋经国及其领导的“政府”。二是积极参与所有的选举。他们的煽动性竞选演讲往往造成高票当选。面对这种社会情势，我内心深深感到未来实在不可测了！一个人内心有所恚碍，自然行拂乱其所为，由是招来恶果。我这时正急着如何把《龙旗》撑下去，想尽快成立一个基金会，作为长久维持下去的基础。就是在这种“心有恚碍”下，接受了一个香港曹姓女子的 14 万美元捐款⑦，一时而未来得及办有关手续，结果被几名宵小奸人所诬，自 1987 年 7 月起打了三年官司。最后虽得清白，但元气大伤，又值李登辉上台，杂志当然很难办下去了。

1988 年元月 13 日，蒋经国逝世，台湾政局进入激烈的动荡期。有先见之明的南老师，早在三年前去美国，又三年转回香港。而我则苦撑《龙旗》，虽把信义路四段的社址卖了 700 万元，还了印刷费等债务，所剩也维持不了多久；因为每月开支都在 30 万元以上。支撑到 1993 年春，我接受南师的训示，才下定决心卸下这份担子。

那是我首次到香港坚尼地道 36B 四楼，见到了 8 年未见的南老师。他劈头便问我“现在在干什么”，我告诉他仍在办杂志。他说：“办本杂志专骂李登辉，不是浪费时间吗？如果你办杂志骂蒋介石，他会给你一大笔钱，收买你不要再骂。你骂李登辉有什么用？他的脸皮很厚呵！他根本不在乎人骂，你不是浪费时间吗？”此言使我茅塞顿开，立即回答：“老师，你说不该继续办杂志，我就不办吧！”就这样，我立即决定停刊。这本月刊一共出了 146 期，是 12 年零两个月从未间断地出版，只听了老师一句话，就结束了。这是 1993 年 5 月的事。

一切从头做起

《龙旗》停办后三个月，我在家乡广东开平意外地签下了大片山林地，创办了“凤仪观光实验农场”。南老师对此事十分鼓励，不但应允担任农场的名誉董事长，还亲笔撰写了一副对联：“振兴农业造福家邦一切从头做起 弘扬文教报效中华自此立定脚跟”，成了农场的宗旨。“凤仪”之名，取自《尚书·皋陶谟》之语。年底，我正式到农场开展工作，老师硬塞了一沓美元给我；我不肯接受，他提高声调苛责：“你拿去买些农场用品，再迟我就没有这些钱了。”一万美元在当时不算小数目，拿到开平买了齐农场需用的电器设备。后来我才知道，老师没有固定的存款，只是左手来右手出，看谁需要就布施出去了，以致自己常常闹穷。

老师为什么如此鼓励我办农场呢？应是出自他的睿智。在那段时间，他多次对我强调：去大陆投资农业或教育最重要，因为这两个项目是大陆未来最需要的。那时，到大陆投资的人，无论是台商、港商、海外华侨，甚至是外国人，投资的项目不是商业便是“开厂”（工业），没有投资农业的，教育更不必说了。现在看来，老师的眼力实在太锐利了，他有见人所不见之智慧，这就是古书上常说的“见微知著”的洞察力吧。儒家经典《易经》说的

“知几者，其神乎！”也是此理。在现象未显露时，便能察觉已有的微小转机，不是一般人能做到的。

南老师的睿智不仅表现在抽象的知见，更重要的是能起而行。早在三年前，他刚从美国迁来香港不久，家乡温州的领导来探望老师，老师便详询家乡的农业，从而得知落后情况。老师随即找学生凑了50万英镑汇给家乡，要干部们组织一个单位，用这笔钱作经费，专门研究农业，培育新品种，然后向农村推广。老师大笑着对我说：“你猜他们怎么做呢？他们真的组了一个研究单位，然后把这笔钱存在银行里，满一年了就做一笔详详细细的账，写明本金有多少，所得利息又有多少，然后每个工作人员支用津贴车马费多少，办公费用又多少，总计还净多少，等等。这叫做研究推广农业吗？这是官样文章，太可笑了！他们能把这笔钱花光才算本事，他们只存着这笔钱分利息，然后老实地向我报账！真是标准的‘等因奉此’作风，这样怎能跟上时代需要呵！”他把这件事当笑话来讲，其实是很失望的。把这件事说给我听，是告诫我办农场不可墨守成规。

其次，谈到教育问题。南老师早在1994年便要学生与王财贵博士联系，1997年还请他到香港举行演讲，让南门各地学生能观摩。因为王博士在台湾推行儿童读经课程有一段时间，成绩斐然，老师十分赞成他的做法。接着，老师便命他的学生分别在台湾、香港和大陆推行这种针对儿童的教育课程。在台北老古公司出版此类经典教材，由台北北投区的“私立薇阁中小学”大力推广。在香港[8]，最先是由陈鸿远律师主持的“平等儿童基础教育中心”，开办了“经典文字诵读乐园”课程。在大陆，由“国际文教基金会”在各省发起“儿童中国文化经典导读”，另由“中国青少年发展基金会”推动各地的“中华古诗文经典通读工程”。推广了几年之后，成效大著；传统文化教育在中国遍地开花。老师也曾郑重吩咐我，要我办农场不要忘了教育下一代，哪怕只有一个学生也要做。他说：“廿年后你就知道功效有多大了！”现在回首前尘，恰已过了20年，弘扬中华文化的事不但成了神州大地的普遍共识，而且在全球也渐成风气。南老师的见地，令人不得不赞叹！

神州老古公司

南老师到香港之后，最想做的就是如何在内地带动起“弘扬中华文化”风气，用他自己的话说就是：“为中国人修一条大路，这条路就是文化大路”。具体的做法怎样落实呢？最初的计划是在内地成立一个“神州老古文化公司”，同台北的“老古文化事业有限公司”联手经营，专门出版老师的著述和有关弘扬中华文化的著作。1993 年，他要我到香港，长驻坚尼地道 36B 四楼南寓接待所，处理有关事务，就是要实现这个设想。

我到香港之前，南老师已经与北京许克有签了一个“神州老古文化事业有限公司合同书”。许克有是许鸣真的儿子，代表甲方（大陆）一家公司，出资 50 万美元，占股 1/6。乙方即由南老师代表台北老古文化事业公司，出资 250 万美元，占股 5/6。最具特色的是此合同除了明确广泛的经营范围之外，在第六条明定了经营宗旨，这是一般商业公司没有的：

1. 系统地弘扬中华民族的历史文化，以加强民族自信心和自强心，进而提高国民的爱国主义精神和道德素养。

2. 融通东西文化的精华，提高国民的知识水平，以促进中华文化的弘扬发展，使文化和经济建设齐头并进，相得益彰，使我国更加繁荣富强。

3. 配合国家改革开放政策，结合海峡两岸人力、资金和管理经验，以发展中国的文化出版等事业，并促进海峡两岸文化交流，为实现祖国的和平统一大业作贡献。

细察这三项宗旨的含义，第一项属于精神层面，第二项属于国力层面，第三项属于统一层面的事，综合起来所表达的高度、广度和深度，恐怕不是其他公司所能望其项背的，是其他组织团体没有可相颉颃的了。

1994 年 1 月 5 日下午，南老师在香港中环办公室吩咐我：按公司的宗旨，撰一篇宣言式的文章，以作老古文化事业公司的宣传文件。我花了几天时间，静心写了一篇《融通东西文化精华，重振民族精神文明——神州老古公司创立旨趣》的文章（见本章附载），呈给老师，他细看过后说很好，可以用。

现在回想起来，老古文化事业公司的宗旨和经营方针，显然是超越时代的，当时许多人皆不接受。因此，自 1994 年初，公司所有的合同书、计划书、资金报表等文件都托有力人士送北京有关单位审批，几个月没有下文。这些有力人士包括许鸣真、邓力群等。南老师原先认为办老古公司不成问题，结果却是如此。推动文化出版的事，只好另想办法。后来，许多老师的著述，如《论语别裁》《静坐修道与长生不老》《历史的经验》等，曾由上海复旦大学出版社等出版单位出版了。

自 1994 年初开始，大概有三个月的时间，我的工作就是依有关文化部门的规定，撰写各种计划书、报表文件。老师还说，将来这个文化公司成立了，由我担任主编，因为我既有长期的文化工作经验，对大陆情况又较熟悉。公司的设立还没有等到有关部门的批准，老师便命我修辑《大学》《中庸》《禅门内外》等著述的工作。

同年 3 月间，老师又命我到北京、上海和杭州联系有关金温铁路的事。金温铁路的工程那时正全面开展，而原定由美国一家银行的贷款，花了许长时间却不成功，筹措资金的事便落到老师头上。老师时不时为资金发愁，他甚至有几次喃喃自语："佛法为何没有教人赚钱？"他派我去接洽的，就是有关改变股份减轻出资的事。1994 年 4 月 1 日，浙江省常务副省长柴松岳等人到了香港南师寓所，谈定金温铁路股份改组，翌日改订原合同，减少老师的持股，由国家铁道部直接拨款以应需要。[⑨]

那天下午，股份改组的事完成了，客人也告辞了，老师一身轻松，说要带我等工作人员去公园喝咖啡。我、王伟国等高高兴兴随老师去喝咖啡，途中还照了相。这是仅有的一次如此的活动，意义不寻常。

事业不成再读书

1995 年中以后，老师那里没有什么事要我效劳了，于是决心进入“能仁学院”研究所博士班就读，从此就忙于功课，我也搬到学校附近的租房去住，有问题才去请教老师。

1998 年底，我的博士论文《佛教戒律学》完成了，郑重写了一封信附在论文之上呈老师审阅。老师看后大为高兴，立即当着萧政之先生的面，送一件意大利制的名贵皮大衣给我，又亲自写了一篇 7000 字的长文，作为我出版这篇论文的序言。据他身边的李淑君说，老师费了好多个凌晨的工夫，才写成这篇文字。我曾请问老师何必如此辛苦，命我先起草由老师修改就行了。他说：“本想这样做，但后来一想不妥，因为你的文风与我不同，由你先起草，我怎么改还是你的文风呢？高明的读者一看就看出来，对你不好，这本书会传至将来，所以我决定亲自撰稿。”这番话，令我感激不已。

还要补充说说我入“能仁学院”读博士的事，因这所学校与南老师也有密切的关系。坐落在香港九龙深水埗荔枝角道的“能仁书院”，是香港著名的大和尚释洗尘法师创办的一所佛教学院。我在台北南老师的办公室见过他几次，后来才知道他来台北是请南先生帮忙，使此学院取得台北教育部门的承认。当时此事很难办到，只有央南先生出面。于是，南先生出面做了“香港能仁学院”第一任院长，台湾教育主管部门很快就批准了。学院在洗尘法师的经营下，蒸蒸日上。约 10 年后，洗尘逝世，学院由他的门徒执掌。

我之所以能入“能仁学院”，也有段奇怪的因缘。那时，台北“中华航空”香港分公司经理陈勋伟常常来听南老师的课，他也看过我办的刊物，由是一见如故。大约在 1995 年 4 月间，我去香港机场的华航办公室看他，他说我是个读书人，应该去“能仁”读博士班，于是就约了一个时间由他陪我去看看。不久，我们到了“能仁”，见了叶龙院长，带我参观了学校。此时我已年过半百，学位对我实无多大意义，而令我下定决心入学的，就是它有一个藏书相当多的图书馆，仅仅是佛教大藏经就有《大正藏》《续藏》《南传大藏》等，儒家经典也十分齐全。我十多年前，经南老师指引，打算研究佛教戒律，此事虽一直放在心上，却无机会；所谓“机会”，包括自己有研究的时间，有足够的参考资料。那是我不知何去何从之时，而这里有如此完备的参考书，不正是最好的机会吗！就这样，我是在年秋天正式入学就读。在香港就学需有较长期的居留权，又是靠老师帮忙，才取得香港的临时身份，七年之后使我有了香港永久居民身份。

我年逾 51 岁才读博士班，三年后写成这部《佛教戒律学》论文。为何写这部书呢？一方面是回报南老师当年找我去见面的期望，另一方面是鉴于佛教戒律学自南宋时代元照法师以后即衰微了，希望以此拙著能励来兹。我常想，人生一世，佛说“人身难得”，有机会就要做一些可留身后之事，否则白活一场，太不值得了，因此甘作忘年之奋斗。

当头棒喝的功效

2004 年，南老师迁往上海长住，以便就近兴建“太湖大学堂”。此时，我的处境也起了大变化，无缘再向老师当面讨教了，唯有通过电话和书信问候了数次。

现在，我忝为南师门生的经过，该作一总结了。

到南老师去世（2012 年 9 月 29 日）为止，长达 33 年之久，我除了写成《佛学别裁》一书，算是未负他找我见面的厚望之外，其他着实没有对老师丝毫的贡献。回首前尘，惭愧不已。反之，老师对我的影响太深远了，概括起来两大受益：一是扩大了我的知见境界，二是改变而且坚定了我的人生目标。

就第一点来说。我出生于广东开平农村，自小受尽困苦，这种环境，不可能培养出一个有什么高境界人。幸赖老天“保佑”，青年时有了努力读书的机会，一直读到台湾政治大学法律系及研究所硕士班毕业，进入了台北市政府从事法律性的幕僚工作。从事这项工作几年后，我渐渐领悟到，这项专业其实很无趣，是否值得以一辈子的光阴待在其间，实堪怀疑。诚然，法律对任何国家或社会都是重要的，可是正如《唐律疏义》说的：“前哲比之以提防，往贤譬之以衔勒。轻重失序，则系之以存亡；宽猛乖方，则阶之以得丧”，法律对社会国家，好比管马的缰绳衔勒，又好比堵塞水灾的堤坝，当然是不可或缺之具。但最重要的不是这种防卫性机制，而是需要这些机制的实质；换言之，法律只是“工具”而已，国家社会本身的内涵才是最重要的“目的”。如果把自己的一生浪掷在这种工具性的工作上，我实在不甘愿。但不甘愿又将如何？自己既已从事了这个行业，欲挣脱它的束缚真是谈何容易！我最终能做到这点，自己摆脱了羁绊在法律观念中的心灵，完全有赖于南老师的苦心指引与适时开示。

“人贵立志”，这是中华传统文化所强调的。但一个人能不能真的有志气，似乎是多属天生的，非后天所尽能教得来。记得当代大哲唐君毅先生曾在一篇文章中指出，所谓“立志”，开始只能立一个模糊的大方向，如要确定一个具体的人生目标，则需要经过长期的学习、历练、摸索，才能达到。很多本来有志气的人，最后不能坚定他的目标，就在“有志难伸”的感叹中陨落了。我幸而未至陷入这种悲剧，实在是得自南老师二次适时的开示。

首次是如前所述，1993 年春我蒙他严肃责备而解脱了《龙旗》月刊的羁绊，立即到老师的身边，从而扩大了自己的视野。

第二次是老师阻止我向往大众传媒的努力。大约 1994 年底开始，我在香港《星岛日报》撰政治性的专栏，由于以往十多年在大众传媒工作上的积习，我一下子便沉心于这个专栏。有一次奉他的命撰写了两篇有关 1992 年海峡两岸高层人员来老师寓所密谈的事，因报纸赶着要发稿，而我又在农场，实在难以先送稿给老师过目。此稿见报之后，老师当晚亲自从香港来电训斥了一顿，接着又写了一封信斥责我是“图自己之任性”云云。我顿时觉得很诧异，明明是老师主动叫我写稿的，而且我怕违背他的意思，特录音为写作的根据，实际写的内容又没有违背所指示的范围，老师何以如此？心中一直纳闷不解。但今后如何面对老师呢？霎时闪过美国已故总统肯尼迪的名言："不问国家为你做了什么，而要问你为国家做了什么"，于是决定"不管老师对我怎么样，只管我应该怎么样对老师"就是了！决心一下，纳闷也就没有了。

过了不久，老师当面提起我在报纸写文章的事，问我最终想达到一个什么目标。我说，希望自己能成为张季鸾。张季鸾是《大公报》的真正开创者，早在 1926 年，他以主笔身份，提出不党、不私、不卖、不盲的"四不社训"，此报纸成了全国最重要的大报，张季鸾也成了大众传播界的典范，受传媒界人士崇敬。老师听了我的话，说："就算你当成张季鸾又怎么样？"此言令我大为震撼，原来张季鸾在老师心目中也不过尔尔！我一直认为张季鸾是值得自己效法的目标，却从未想过这一目标对我是否适合。经老师当头棒喝，我才深入地反省了自己的一切，包括自己的身体状况、过去的失误等，终于确定了今后应该追求的目标。这个人生具体方向确定了之后，才不惧已逾半百之龄重新学习——进入能仁博士班，决心从戒律学这样"一门深入"，再旁及佛教的全部大义、儒家和道家的精深义理，乃至西方各派哲学的要旨。老师这次棒喝，使我领悟到他写信来苛责我"心态有问题"所指的是什么了。

附载

融通东西文化精华，重振民族精神文明 *

——神州老古文化事业公司创立旨趣

神州老古文化事业有限公司创立于兹！

此乃中国大陆境内以出版图书为主的综合性事业机构。对于审批本公司

* 此文为笔者所撰写。

创立的诸位领导，我们表示由衷的感佩。

斯时斯地，本公司之所以得创立，代表了国家重振中华民族精神文明的决心，也代表了诸位领导人对本公司同仁的期许。我们能不自懔责任重大，爰以诚惶诚恐之心，扼要阐明本公司的旨趣，以敬告社会大众，以策励公司同仁。

“透过图书出版等相关事业，融通东西文化的精华，重振中华民族的精神文明”就是本公司创立的旨趣。这个旨趣包含了终极目标（重振中华民族精神文明），遂行目标（融通东西文化精华）的内容，及实现目标的具体方法（透过图书出版等相关事业）。其中终极目标及具体方法两者均可望文知义，无待赘述者。唯“融通东西文化精华”一事，则牵涉广泛，允宜有所阐发焉。

自清季以还，中华民族历尽迍邅。归根结底，这是文化问题，是中国传统文化受到西方文化冲击如何调适的问题。如今问题已经很清楚，150 年来无数的仁人志士，无论其主张如何、信仰如何，为中华民族求生存求发展的目标总是一致的。我们这一代人几十年历经诸般变迁，感受尤其深刻：只有发扬中华传统优良文化，并汲取西方文化的精华，两者融会于一炉，才是民族求生存发展、国家求长治久安的不二法门。

中华文化原有冠绝世界的优良特质，这也是我民族之所以能博大悠久的根本。如果抛弃自己的根本，那就不再有中华民族。所以发扬中华文化是我们的要务，也是我民族每一分子责无旁贷的责任。今日言发扬中华文化，绝不是抱残守缺、故步自封。盖中华文化本有兼容并蓄的本质，此从孔子被赞为“圣之时者”可概见其一斑。何况，传统中华文化，固以儒家学说为主流，但非仅以儒家为具足，凡释、道乃至诸子百家思想汇为一体才是中华文化的整体。是故，面对今日世界各民族激烈竞争时代，必须汲取西方文化之所长，方足以提振我中华文化到一个新的境界。换言之，我们面对东西文化相颉颃的今天及可预见的未来，必须持以“自尊而不自盲，自知而不自卑”的中道，善于取舍，融摄东西，才是允当的态度。本公司以之为达成终极目标的内涵，意亦在乎此。

抑有进者。目前海内外中国人无不认同一句口号：“21 世纪是中国人的世纪”，因为这句话代表了全民族的希望，更代表了全民族对中国改革开放十多年来经济建设突飞猛进的信心。然而，有识之士无不深知，经济建设使物质文明提升，如无精神文明的配套或主宰，其结果不会是好。所谓“中国人的世纪”是不可实现的。因之，距21世纪只有数年的今天，处于中国大陆经济建设不断提升而逐渐产生新问题的环境中，立即着手这种“重振精神文明”工程，已是朝野一致的共识，也是适应未来的客观需要。本公司的创立，期以出版古今中外有价值的图书为主，并将力求扩及其他相关的文化事业的发展，正是这客观需要的实践。

语云“因人成事”，人是决定一切的因素。因此，本公司设立后，能否达成目标宗旨，端赖乎人才的结合。具体说来，只要是认同本公司目标宗旨而有所长的人士，不分地域、不分党派、不分长幼、不分男女，均在欢迎参与之列；只要是有益于提振我民族精神文明而够水平的作品，不拘古今、不拘中外、不拘观点、不拘派系，均在考虑出版之列。这也就是本公司的用人原则与出版路线。

重振精神文明的工作，亦即宋儒张横渠所说的“为天地立心，为生民立命，为往圣继绝学，为万世开太平”的事功。其艰巨自不待言，诚非本公司既有的资源所能担负。本公司只望能尽一个“敢闯”的先锋责任，仍有赖各级领导多加鞭策，有赖海内外民族精英多加参与，才可望闯出一点成果来！这也就是本公司对海外有识之士的恳求。

1994年1月

附注

① 劳嘉建是我的族弟，父亲是劳建白，黄埔军校六期毕业，当到少将，为戴笠亲信；后皈依基督教，为“中华妇女祈祷会”（宋美龄创办的教会）系统牧师，20世纪80年代全家迁美国。我在台北板桥读高中时，常到劳牧师家，多蒙他家人照顾。

②“中山堂事件”，即是“改‘国歌’事件”。当时闹得很大，详见《疾风》创刊号，1979年8月。

③“爱国同心会”原是戴家文等一群女青年在1978年创办的，但一直未登记。多年后，以周庆峻为首的反“台独”人士登记了一个同名的团体，目前仍活跃于台湾。

④ 此事的始末，南老师亲撰的《戒律学原理摭言》（拙著《佛教戒律学》序）里也有提及，这篇文字亦登在《中国文化泛言》（增订本）第124页，东方出版社2016年版。

⑤ 关于这个特殊班，南一鹏所著《父亲南怀瑾》（下册）第371—372页有较详细的介绍。只是有关搬进复青大厦的时间有误，应为1980年才对。浙江人民出版社2015年版。

⑥《龙旗》自1980年底筹办，至翌年3月出版创刊号，出版了13年，直到1993年5月，应南老师之命而停刊。

⑦ 此案我留有详细资料，将来有机会再公布。

⑧ 有关儿童教育的详情，可参注⑤书第564页以下。

⑨ 金温铁路的事，详见注⑤书第460页以下。

第二章

南先生的人格特质

多次拜谒南怀瑾老师，他都当众这样介绍我："这个劳政武是来这里观光的！"起初我莫名其所以，时间久了才慢慢领会到，老师的眼光实在犀利！我观察到拜见南老师的各色人等，多为虔诚信佛而来求开悟的，也有遭遇困难来求解决的，也有来这里想搭上好关系的，甚至还有纯粹觉得这里很好玩而来的。

40 年前我首次看到了《论语别裁》，便感到此书作者有一种不凡的特质。有机缘接触到南先生本人之后，总是怀着好奇心，有意无意地探究这种种特质是什么。

多次拜谒南怀瑾老师，他都当众这样介绍我：“这个劳政武是来这里观光的！”起初我莫名其所以，时间久了才慢慢领会到，老师的眼光实在犀利！我观察到拜见南老师的各色人等，多为虔诚信佛而来求开悟的，也有遭遇困难来求解决的，也有来这里想搭上好关系的，甚至还有纯粹觉得这里很好玩而来的。像我这样本着好奇心来探究的，不敢说绝无仅有，恐怕亦属极少数了。老师说得一点也没错，我确实是来观光的。观什么光呢？就是想弄清楚南先生的人格特质。

我读政大法律系时，有门课程叫作“犯罪心理学”，专门研究犯罪者的人格特质的。由此我反过来推想，无论古今中外，能称得上“圣贤”的，必有其人格特质。但所谓“特质”只是圣贤内涵的本质，未必能被人所窥知，更不能引起大量人的仰慕和崇敬；必也使特质变成外部可见的特色，方克臻此。所谓“特色”就是表露在外的形相，人们通过某位圣贤外表的“动、默、云、为”的形相，反溯而推知他内在的人格特质，从而公认为他真是一位圣贤。这种道理，也可进一步用中国佛教天台宗的深义作说明：圣贤之内在特质是“本”，圣贤之外在特色是“迹”；迹由本生，推迹可返本。本和迹相须而不可分，若无“迹”则无法证其“本”了。

就以四“轴心圣哲”[①]为例，来说明这个深邃的问题。西方的苏格拉底、耶稣，东方的孔子、释迦牟尼，四位圣哲都有一个共同点：他们本人都没有留下著作[②]，后世无法直接从他们的作品中了解他们的思想特质，只有从别人的记述中看出他们对人类文化的伟大贡献。南老师比他们幸运，他有大量著述留下来，人们可以从这些著述中了解他的思想特质。然而，专心阅读他的所有著作的人是极少数，大多数的人是从他的动默云为“特色”中产生敬仰的。

从南先生的著述中直接了解他的思想特质，正是本书第三章以下的主要内容；本章则是从南老师的外在实际表现中了解他。也就是说，全面地了解一个人的思想和行为，才是真正的“人格特质”。

依这样的理解，我认为在全面人格特质上，南怀瑾先生是一位“通家大师”级的人物。他之所以能达到这种境界且桃李满天下，经我长期观察和亲身体验，与他的“四摄”有密切的关系。

“南门四摄”

创立佛教天台宗的智觊（智者大师），在《法界次第初门》（卷下之下）中指出，菩萨以“布施、爱语、利行、同事”四种方法，来接引众生，其性质是“先以欲钩牵，后令入佛道”。这四种方法又称为“四摄”[③]，是菩萨接引信众的四种利器。南老师也有四种摄众的利器，那就是：医药广施、诗词感人、眼光锐利、品格高尚。

这四项排列不是随意的，而是按照由浅入深的一般次序。根据我长期的亲身体验，“南门四摄”比智者大师所说的“菩萨四摄”更深刻、更有效。以下分述之：

一、医药广施

无论在台北办公室或香港会客所，南老师的座位后方都有一个大壁柜，就像中药铺的“百子柜”，分成很多小格子，每格摆着不同的中药瓶子。每有学生或客人来谒见，老师一看他气色不对，问他身体哪里不舒服之后，就回身打开大柜子，拿出一些中药丸教他怎样服用。南老师一辈子广施医药，而且往往有奇效，从来不收钱，这就使得许多人感激不已。事实上，老师的医术很高明，很多好友或学生的重病都被他医好了，其中包括杨管北和王启宗。[④]我自己也深受其益，若不是老师在保养身体方面的指导，年逾 70 岁的我不可能写出这本拙作了。

南老师何有如此高明的医术呢？当然与他幼年时曾受过一位林姓名医的悉心教导有关，但更根本的应是，他终生学道又学佛，而道、佛二教都是非常重视医药的。就道教来说，其主要根源便是中国古代的养生思想和技术，甚至中医也是这种思想发展出来的。南老师学佛之前拜过许多道家名师，更穷研这方面的著作，当然从中学了不少的医术知识。至于佛教，有关医学技能更是其主调了。佛陀鉴于人人不免“生、老、病、死”，故出家求解脱。所谓“解脱”，无非是脱出身体和心灵的苦痛。由此主调，佛教不是有部著名的《药师经》吗？甚至如来佛陀本身也被尊为“医王”！老师终生信仰佛陀，当然会对医药极度留意，对布施医药以解除大众的苦痛更是必为之义了。正因为如此，广施医药成了老师渡人的“利器”，并非老师刻意为之，而是他精通了佛道的自然结果。

二、诗词感人

南老师擅长中国传统诗词，有《金粟轩纪年诗初集》《金粟轩诗词楹联诗话合编》等书行世，所以近年来有报章称他为“诗人”。我认为这个头衔并不适当，对南老师其实是贬义，因为历来所称“诗人”者，大多为落拓酸腐之辈，而老师绝非如此。古人说：“诗者，志之所之也，情动于中而形于言也。”[⑤]南老师只是借诗来表达其志、发抒其情，绝非落拓而呻吟其自身。

尤有进者。因为佛教最高境界是“言语道断，心行处灭”，也就是实相的境界是不可以理性言语来说出的，但全然不说又何能阐明此境界？最妙的方法莫过于以诗来表达了。所以老师讲佛法时，讲到最玄妙处常吟出一首诗来，听众到此往往为之神往而体会了不可思议的境界，由此产生对老师的崇敬之情，更不在话下了。在讲课中，他随时会吟出一首格调极高的或很有趣的诗，有些是他自己作的，更多是古人作的。在老师的著述里，读者可见到他随文引出的诗。为别人所不及的一大特点正是在此！在当代可称为“大哲”的人中，据我所知，唯有方东美也是常以诗来表达玄思的，他有《坚白精舍诗集》传世，但不如南先生的诗有趣，境界更差得远了。

南老师自小就深受传统书院式的教育，最重视的就是诗词。所以自古以来中国文人都擅长此道，从孔子的话可以证明这一点：

> 子曰：小子！何莫学夫诗？诗可以兴，可以观，可以群，可以怨。迩之事父，远之事君，多识于鸟兽草木之名。
>
> （《论语·阳货》）

南老师自幼背诵了许多诗词，又有过人的记忆力，所以每次讲到某种高深义理时都能信口引出一些诗词来佐证。这种讲课方式具有极大的吸引力。

南老师对诗词还有其独特的看法。他认为冥想诗词是最有益的脑筋锻练，而吟咏诗词是最佳的休息。因此，他在讲课时常常鼓励学生多致力于诗词，也多次鼓励我多下这方面的功夫，并说我的文字功底很好，只要努力必能作出好诗词。但我自忖从小没有机会背诵诗词，缺乏诗词的深厚基础，何能有好的作品呢？况且我的专业是法律，撰文惯于逻辑理性的思考，对于诗词的感性思索实在不耐烦，所以始终没有从这方面着力，实有愧老师的垂教。

虽然如此，我却有点欣赏诗词的能力。听老师的课或看他的书，每逢他引出诗词就有所感动，且尽量抄下来，很多一直保存至今。

以下引五首有趣的诗，是老师讲课时吟出来，在他的著述皆未见载。

老师改《三国演义》开卷词（《临江仙》），以讽世：

滚滚长江东逝水，浪花淘尽人渣！
是非成败转头差；江山依旧破，几度夕阳斜。
白发红颜留不住，管它秋月春花？
漫言世事乱如麻；古今多少事，都是烂冬瓜！

引达赖六世的情诗：

最恐多情损梵行，入山又怕负倾城。
世间哪得双全法？不负如来不负卿！

引出清朝人作的美人诗：

芙蓉花发满江红，人道芙蓉胜妾容。
昨日妾从堤上过，为何人不看芙蓉？

引出古人作的不知足诗：

有位秀才人品很好，却不幸早逝。到了阴间，阎罗王一查生死簿就说："你这个人积阴德不少，命未该绝。放你还阳投胎好做人，你想有怎样的来生？"秀才作一首诗回禀：

千亩良田湫湫水，十房妻妾个个美；
父为宰相子封侯，我在堂前跷跷腿！

阎王一听哈哈大笑，续了两句：

世间若有这等事，你做阎王我做你！

南老师一生爱宴客（详见下文），乃戏作此诗，与宾客共乐：

华堂今日景筵开，不料诸公个个来。
端菜碗从头上过，提壶酒向耳边筛。
可怜矮子无长箸，最恨肥人占半台！
门外又听车马响，主人让位一旁陪。

我从小学到博士班，受教过的老师很多，也听过不少名家的演讲，从未有一人像南老师这样，能以诗词来阐释深邃之义理。我年近 70 岁才穷研道教典籍，发现许多历史高道都是擅长以美妙诗词来演绎玄虚深义的，例如著名的《悟真篇》⑥，讲的内容主要是道术，全书竟然是由近百首诗组成的。其他的道教著名人物，如钟离权、吕洞宾（纯阳真人）、陈搏（希夷真人）等，都有此类以诗词阐释道法的精彩作品。至唐朝以后，很多佛教禅宗僧俗也长于诗词来弘扬佛法，就更不用说了。南老师正是精研道术和佛法之人。他以诗词来弘扬佛道义理，恰是继承和发扬了这种传统。

三、眼光锐利

无论观人、观事、观世间，南先生都有超越常人的敏锐眼光，这是接触过他的人公认的。也正是这缘故，很多人接触了南老师之后，佩服得五体投地。换言之，这也是他摄众的利器。领教过这“利器”的人很多，读者可在有关纪念老师的文章中看到很多这类记述。

至于我个人，也曾领教过多次，深感老师的眼光实在锐利，观察人或事十分准确。令我印象最深刻的有三次。首次，是我初谒南老师不久，他只凭杂志上的一张照片，就断定那个人是“酒色财气之辈”，事后证实此言果然不虚。此事详见本章后文。第二次是前面曾提到的，早在 30 年前，即在中国改革开放才几年的时候，他就郑重地对我说，中国的大运已经开始到来，今天已完全证实，中国已崛起为世界强国了。第三次是前面提及的确定了我的人生方向。

在我未拜见南老师时，他已在报刊上看过我的“古今法律谈”专栏和单行本，后来接见了我，认定我应向研究和写作方面发展，所以他说：“你原是个青年人，有见识，有文才，如果沉潜学问，前途成就不可限量。”⑦当时，我只当老师的指点是客套话，未认真听从，仍在一些事务上浪费了十多年的青春岁月。直到1993年到香港，才听从他的警告，停办杂志，潜心于哲学、佛教戒律学，才算确立了我后半生的人生大方向。而今，我年纪愈大愈感老师的眼光锐利，30多年前就一眼判定我该走的人生方向；如果早听从他的话，今天的我应不至如此辛苦。

南老师锐利眼光的具体事例，我所见所闻的不计其数。约在1995年，我有一次大胆请问他：“为什么老师你观人察事这么准确？”老师只是一笑说：“这问题牵涉可多了！”这等于不答复，我也就不便再问下去。不过，这个话头从此放在我心里“参”着，参久了似乎悟出一点道理来。南老师常要我们多看三国时代的刘劭大作《人物志》，又要我们多看曾国藩著的《冰鉴》等有关典籍。而他自己呢，不但熟读这些正规的典籍，连那些民俗作品如《麻衣相法》《烧饼歌》之类，均一览无余。南老师是一位天赋极高的人，再加上终生用功，博览群书，使他具备了“五眼神通”⑧，也是自然的。

四、品格高尚

人的品格决定人的价值。我们说“这个人很高尚”或说“这个人很伟大”，所谓“高尚”或“伟大”就是以他的品格为标准而判断出来的；绝不是以他的官位有多高，也不是以他的财富有多少，更不是以他的容貌有多漂亮为标准而判定的。这种判断人人皆知，譬如说，甘愿“杀生成仁、舍生取义”的文天祥，千秋万世的人都尊奉他为抗元英雄，但绝对没有人认为当时杀他的元朝皇帝有什么“高尚人格”。

文天祥因为有最高尚的人格，所以成了抗元英雄。孔子因为一生以仁为本务，且“好学不厌、诲人不倦”，所以成为万世师表。南老师连小学文凭都没有，竟能桃李满天下，多少硕学巨公都甘为门下士，虽谓有前述三种“利器”，但最根本的还是他有高尚的品格。

“内圣外王”是儒家核心思想，也是修持的功夫。其要义是说，我们先修好自己的高尚人格成为一个君子、圣贤，对外自然有大的贡献。这一点在现代的一般肤浅之辈看来，未免“泛道德主义”，是迂腐之论。其实，我们若深知《孟子·告子》的“天爵”与“人爵”的道理，就能领悟到所谓“外王”指的是天爵。此段原文是这样的：

> 孟子曰：有天爵者，有人爵者。仁义忠信，乐善不倦，此天爵也；公卿大夫，此人爵也。古之人修其天爵，而人爵从之。今之人修其天爵，以要人爵；既得人爵，而弃其天爵，则惑之甚者也，终亦必亡而已矣。

译成现代语言，这段话的意思是：王、公、侯、伯、子、男、大夫等政治上的职位都是别人给你的地位，只是“人爵”，别人随时可以夺去的。而仁、义、忠、信这些高尚的品格是上天给你的，性质是“天爵”，没有人可以夺去。古时有道之士只专心修好自己的“天爵”，“人爵”也就自然而然拥有了。然而，现在很多人却反过来，虽修“天爵”，目的却在追求“人爵”；他一旦得到了人间的荣华富贵，就把仁义忠信这些德行全抛弃了，这些人实在是迷糊错乱的，最后必然是天爵、人爵都没有⑨！

据上而论，南老师之所以有如此受各方尊崇的地位，就是他的“天爵”自然招来的“人爵”，故了解他的人格的高尚性很重要。这是下节以后的内容，也是本章的主要论述。

为了避免过于枯燥无味，对此内容的论述，我尽量不作理论上的探讨，多从自己的真实体验上着墨。

品格的标准

品格是依什么标准而定的？又凭什么来断定南怀瑾先生的品格是高尚的？这两个问题牵涉高深的哲学理论，于此姑且不谈，现在只说说我个人的亲身感受。

大约在 1963 年间，我在台北板桥的华侨中学读高中二年级时，即受洗为基督教徒，每逢礼拜日都去教会。我之所以信教，并不是出于对基督教有真正的信仰，只因为牧师对我很好，在感情作用下就受洗了。不到三年，即在进入政治大学法律系二年级时，我不想去教会了，原因也是感情的，那位令人崇敬的牧师渐渐令我失望。他的脾气很大，对钱财处理尤其不好，他的家人很浪费，而别人的金钱好像都该奉献给他似的。身为牧师怎会有这样的品格？又经过了三年，他果然闯了大祸，因为他的太太邀了很多教徒和好友来“做会”[10]，标会所得的钱财很快便挥霍掉。因为他的正常收入根本不可能供“死会”钱，所以只好又起新的“会”来养已死的“会”，这叫做“以会养会”。因为他是有声望的传道人，所以很多教徒和亲友入了他招的“会”，最后竟做了 50 多个“会”，这样恶性循环的结果，必然导致全部“倒会”，被连累的人达数百之多；连我也受了严重的连累，原本准备结婚用的钱也没有了。天天有人到他家去讨债，他的事业当然也垮了，最后悄悄迁到外国去了事。这是我刚踏上社会的事，教训很大，连带对基督教也失去了兴趣。后来阅历多了才明白：这是“人”的问题，而不是“教”的问题。若是传教的人不对，必然会拖累到“教”。

以上是我亲身感受的一例，由此促使我关注宗教问题[11]，渐渐地发现了一些问题。以香港的一则报道为例，仅仅在 1996 年 10 月至 1998 年 4 月，不到两年时间，台湾地区就发生了“宋七力显象协会敛财案”“妙天禅师黄光亮贩卖莲座牟利案”“黄志雄自称救世主诈财案”“天然青青法师出售宝石等敛财案”“印度性灵大师欧文光敛财案”“基督教南韩教主涉色案”“天地光明协会吴某敛财案”“台北松山寺住持出售灵骨牌位案”“一贯天道林某敛财案”等。此等案件都是震动社会的宗教案，多为民俗的神道教派所为，也有少数是正信基督、佛教的。有报道说：

> 台湾满天神佛，岛内三步一庙、五步一观；寺庙教堂密度居世界之冠，平均每两平方公里即有一座。宗教信徒达1000多万，约占总人口的50.3%。台湾寺庙信众广、香火盛，难怪有人说：台湾赚钱最快的方法是开庙。⑫

虽然这段话是从负面说的，宗教兴盛也是一个社会安和的要素。但无论如何，一种教派出问题，总是“人”的问题，绝少是该教派本身的问题。这种认识，我因身受其害而形成了，后来入世越深，更加强这种看法。

现在言归正题。人的品格是需要经过比较才能知晓的。俗语有道：“不怕不识货，最怕货比货”，其实不但货物如此，其他事物也是如此，人更是如此。所谓“高、低，好、坏，真、假，善、恶”都是比较出来的。以佛学的深义来说，我们生活在一个“二元”世界，所以“比较”很重要，也是人的普通思维脱离不了的。

我进入政法大字法律研究所之初，心中有很大的疑惑：现行的法律，如宪法、民法、刑法等等，我攻读法律系时都学过了，进研究所，还有什么好学的呢？难道是更上一层楼的法律哲学吗？后来才了解，研究所开的课，主要是比较性质的，如“比较宪法”“比较民法”“比较刑法”之类，其内容就是将世界各国同类的法律比较一番，找出其中的利弊得失。经过如此比较，不但拓展了我的眼界，更提升了我辨别优劣对错的能力。

了解人也一样。古人说：“知人不易。”一个人的品格如何，只有通过比较才容易了解，否则必被眼前之见所蔽。拿破仑是大英雄，但他身边的仆人可能不以为然，甚至有可能根本瞧不起这位主人，因为拿破仑在他心中只不过是一位身材矮胖、连洗澡都靠他扶持的笨拙者而已。诸葛亮也一样，早年他身边的人也许只见这位躬耕于南阳的人柔弱得像女子，连田也耕不好，何能了解他却是一位能开国定邦的大人物呢？

老师的品格——正面论证

正因为我有了上述的心理认知基础，所以一见南老师便觉得此人不寻常。多见几次之后，老师的高尚品格，我是从一些小节上悟到的。

一、金钱问题

我们学生到南门听课也好，吃饭也好，参加“禅七”也好，老师不但不收任何费用，而且看到有困难的还掏钱帮助。受过老师帮助的学生很多，他们近年发表的许多纪念文章可以证实。就我个人来说，在他身边奔走 20 多年，受惠良多。尤其 1993 年底到香港之后，办农场、修博士学位，幸得老师直接和间接帮助了我共约 60 万港币，我才能渡过多次的经济困境。

佛教有“六度波罗蜜多”的信条，第一条就是布施，主要是指以金钱财物济助他人。南老师在这方面做得真实而彻底，是所有门人公认的。不要说比较上述的那个基督教牧师，完全是利用了信徒对他的崇敬而获取非理、悖情的金钱，以供自己尽情挥霍，两者的清浊判若云泥；就是台湾各派佛教的师父，也多赖信徒供养而生活，少有反过来去布施救助信众的！

二、餐聚的重要性

凡人每天都要吃两三顿饭，多人在一起聚餐也是家家户户常见的事，故佛经有云“有情皆因食而住”，无论人或动物，必须进食才能生存。这不是什么稀奇的事，但在南门这件事很重要，也很特别。

我初入南门便发现，每天无论中午或晚上，都有两桌人在聚餐；通常是一桌荤一桌素，随来客个人喜好自便选择。有时客人多了，还加开到三桌，甚至四桌。每桌约有八道菜，都是相当可口的各色菜肴，而且菜色餐餐变换。主厨的通常一人，由几位南门义工学生协助。参加聚餐的人，除了南老师本人和他身边的几位主要工作人员之外，绝大多数是各方来客。这些来客包括南门的学生、仰慕或有事来访者，身份则包括政界显要、富商巨贾、穷酸学生，甚至江湖郎中、贩夫走卒。来吃饭的人都不用付费，用餐时可发表自己的见闻或高论，主要是聆听老师的指点或评论。老师对每位来此聚餐的人，不论身份高低、贫富贵贱，一律待以宾客朋友之礼。这种餐聚方式，不是偶尔如此，而是天天如此，长年累月如此。由是，单是花在饭菜的费用就十分惊人，难怪老师身边的人说老师常常闹穷。

1993 年我到香港后，才知道不论在美国或香港，南门依然是这种聚餐方式。只是在香港因环境关系，在晚餐时才有客人来，每天的中餐聚会就取消了。通常是每晚 7 时开始客人坐满一桌，如果客人多了则另开一桌素菜。有一次我问南老师，这样天天宴客怎么得了？他告诉我："小时候在温州，我的父亲就是这样做的，我是学他这样做下来了。"在香港坚尼地道 36B4 楼聚餐时，常有内地各界人士参加，所以老师开玩笑说，这里是"中南海人民公社"；"中"者，中国人也；"南"者，南氏寓所也；"海"者，在境外也；"人民公社"者，来这里吃饭都不要钱也！

我在台北时，有事请教老师，才去台北信义路复青大厦顺道就餐，只觉得这里很有趣，东西也很好吃，却不了解这种聚餐有什么特别的意义。后来，我才领悟出：南老师毕生以这种餐聚方式款待各方来客，实在太不简单了！在作用上，这是最佳的"摄众"及"和敬"方式[13]；在意义上，这正是表现出老师的超越人格，试问世上还有哪位老师能不顾自己的困难，终生供养八方来客的呢！

三、生活细节的威仪

我初进南门，很快便发现老师对日常生活细节很注意。他对学生的训诫是如此，对自己的要求也一样。

我印象最深刻的一次，是他教学生如何扫地。有一天，我到台北信义路他的办公室时，恰见一位同学拿着扫把在扫地，老师正在与我谈话，忽然站起来，走到那位同学身边说：“你这样不是扫地，而是替地面抓痒呵！”说着拿过扫把亲自作示范，并解释：扫地不可贪快，尤其不可以不用点力而使扫把轻飘飘的，这样不但扫不干净，反把灰尘扬起来了！要注意每个角落、墙角、柜子角、桌子下面，不要怕麻烦，每个地方都要扫干净。“你们记得《朱子治家格言》吗？它开头便说‘黎明即起，洒扫庭除’，要内外整洁。这是中华传统文化教子弟的第一课！学佛的人要知道，洒扫庭除也是一种修行方法，能专心致志扫除心中一切灰尘妄想，便是得道了！”我永远不忘老师的那次动作和那番话。

还有一次，让我领受教训更深。那时，我接近 60 岁，在香港能仁学院兼哲学副教授。一天，我到中环都爹利街老师的办公室去请教佛学问题，老师一见我就瞪眼正色训示：“你怎么可以把嘴角往下垂着？一副愁苦相！一个人想不倒霉要随时保持笑容，有笑容时的嘴角是往上翘的。”他说着，还做样子给我看。老师这么一说，直教我无地自容，从此便注意保持自己的喜悦容颜了。

生活小节上，老师不只是这般要求学生，他对自己要求更严。这类例子太多了，其中有个例子很特殊，也是令我感受深刻的，那就是每当有崇拜他的人来看他，他一律当作朋友，绝不以“老师”自居，如果有人行跪拜大礼，老师竟然也跪下来跟学生对拜！这种场面我亲见过几次，起初真被吓呆了；世上竟然有如此待学生的老师！因为我曾亲见很多相反的例子，更觉得老师实在是世间少有。有一次，我到台北近郊的一座大寺参访，忽见有信徒见到住持大和尚，立即跪下，双手捧着包着供养金的大红包高举在前额，站着的和尚礼也不回，单手收下放入自己的僧袍袋子里。同样的场景，我在苗栗山区一所自称禅林中也见过几次。这些人比起南老师，其品格真是不啻天壤。

由此我领悟到，《中庸》“优优大哉，礼仪三百，威仪三千”是什么意思了。儒家所说的道理与佛教是相通的。佛经有云："三千威仪，八万细行"[14]，是同一道理。这是说，进入佛门修道的人，必须注意他的言行细节。对出家人的细行，戒律中还有专篇叫作"犍度"为之详细规定。[15]总之，我自进入南门后，常常亲见或亲受老师对学生的言行细节的严格要求，觉得老师的确是我从未见过的、与众不同的老师。我详研佛教戒律之后，才彻底了解到南老师不仅通晓儒、释、道家的义理，还能把各教的微言大义付诸身体力行，这才是"人师"的典范。

西方哲学史上许多大师级人物，尽管在知识上有很大的成就，但在个人行为上却是一塌糊涂。例如西方民主理论奠基者卢梭（Roussean，1712—1778），虽然有广博的知识，但因不懂处世之道，竟在孤独贫病交困中逝世。再如无神论者费尔巴哈（L.Feuerbach，1804—1872），因不能与教会善处之故，晚年生活非常贫困，靠妻子微薄收入度日，在凄凉中逝去。又如著名的德国哲学家叔本华（A.Schopenhauer，1788—1860），因自视清高而看不起别人，最后只能靠父亲的一点遗产，过着离群索居的日子。最严重的是鼓吹"超人哲学"的尼采（F.Nietzsche，1844—1900），最后却在精神分裂症中死去了。反观中国传统文化上的圣哲绝非如此，知识是次要之事，德行才是第一要务，这就是王阳明所倡的"知行合一"哲理。"行"包含在"知"的概念之内，若无"行"不算"真知"。所以中华文化传统有"经师"和"人师"分别的概念，所谓"经师易得，人师难遇"[16]，通晓书本经典的大师很多，但能把经典知识贯彻融通到自己日常生活的一言一行中，就很不易见了。我何其有幸，得遇南老师这位"人师"，且亲炙他垂教逾几十年之久！

老师的品格——反面论证

以上三项是从老师的"有为"层次——即正面表现来窥见他的卓越品

格，现在要通过老师的“不为”层次——即反面表现来作增上之论证。

正如《孟子·离娄下》所说：“人有不为也，而后可以有为”，从一个人的“有所不为”方面去了解他的品格是很重要的，甚至比“有为”层次更重要。因为任何一位有成就的人，必然是“有所不为”，然后才能“有所为”的。反之，若是一个“无所不为”的人，绝对不可能有成就。从佛教的观念来说，这是智慧的简择问题，无所不为的人实是弱智的表现。

南老师对大小事情的拣择性极为严格，该为的事他会不顾一切去做；反之，不当的事他坚决不做。20 多年来，我亲见他这种大小事上的选择很多，以下仅举三件事，即可概见其他。其中一件是发生在我身上的小事，其他两件却是大关节的“不为”的事。

一、不见“酒色财气”的人

如前章所述，我初识南老师，即折服了他的风格。那时，我正在办《疾风》杂志，认识的朋友日日增加，一有机会便向大家宣扬“南老师如何了不起”等，我还带一些朋友去见老师，老师也客气地接受我介绍的好意。有一天，我拿了一本新出版的杂志去送给老师，请他指教。他翻了翻，看到一页中印有一张照片，照的是一位沈姓同事在振臂高呼口号。老师用手指指他说：“你不要把这个人带来见我！”我惊奇之余忍不住问：“为什么？”老师竟说：“哼，酒色财气！”当时，我心中大不以为然，凭一张照片便判定一个人，怎可能如此？我与此人共事近两年之后，才发现他果然是“酒色财气”中人，也就渐渐地与他疏远了。

又过了十多年，此人居然闹出个轰动一时的“色情光碟案”，由此我不能不叹服老师鉴人的大智慧。此事还有下文，约在 21 世纪初期，此人竟成了香港某大传播机构的高管。有一天，他央求旧识萧政之去坚尼地道见南老师。此事令老师很不高兴，后来还苛责了萧政之一顿。老师曾对我说起这件事，“萧政之跟我来往几十年，我是第一次骂他，他不该突然带这种人来见我，事前也未跟我说一声”。由此更可见，老师对此种事的“有所不为”态度是何等坚决！

二、拒领2000万元

1994年初，老师曾派我到北京、上海和杭州接洽有关金温铁路的事。此项工作原来是由侯承业做的，那段时间他回美国去了，而此时铁道部为了解决资金的急切需要，拨了2000万美元，一俟老师签名即可领下来。然南老师是绝不会签字领钱的，但铁路工程又急需经费，怎么办呢？所以老师要我走一遭，主要任务便是传达他的意见，要筑路的实际负责人董宏具名去领款，此事很快便顺利解决了。

后来，经过铁路公司股份改组等烦琐手续，这条自从孙中山实业计划就有构想的铁路，终于在1998年6月通车[17]。老师从美国回到香港，帮忙国家具体的大投资主要就是建金温铁路的事。这件事还是温州的领导首先提出来的，老师答应做个“牵头”的角色，经过近10年的曲折努力才完成了这艰巨的任务。

铁路建成之后，本有许多利益（例如沿路的土地权、矿产开采权乃至股份的盈余等巨额利益），老师一文不取，坚持还路于民。自改革开放以来，到大陆投资的人无数，这种做法恐怕找不出第二个人了。我多次聆听老师劝那些想到大陆投资的人：中央政府改革开放是对的，大家回去投资帮助大陆建设也是对的，但如果纯粹以个人利益为出发，甚至为了私利而无所不为，这等于“驱耕夫之牛，夺饥人之食”[18]！老师的高风亮节，绝非口头说说而已，而是具体表现在他一切的用舍行藏中。

三、不依附权势

更重要的，就是南老师一贯保持的“方外人”的风格。海峡两岸通过南老师，自1990年底起，到1992年中为止，一年半时间在香港多次“密使”接触，增进各方面的了解（此事详见第四章）。南老师的苦心，中共中央非常清楚；他的巨大贡献，中央领导人更加感佩，多次诚邀南老师往北京畅叙，但都被婉谢了。[19]这种做法，老师当面对我说，他本是“方外人”，对任何有益于众生的事，都应该尽力；但涉及政治是不想进入的，这就是他常讲的“买票不入场”。

历史上，“方外人”攀缘权力的例子极多。例如：北魏时代的寇谦之（365—448），对东汉以来流行的“五斗米道”加以改造，创立了“北天师道”，故是道教史上的重要人物。他先是依靠大司徒崔浩的关系而攀上北魏太武帝，竟然实行了中国宗教史上的首次“灭佛”事件[20]，成就了他在道教史上的显赫地位。再如，唐代的北禅宗师神秀，攀上武则天，竟然可以出入宫廷，号称“帝王师”，一生显赫无比。又如，元代道教全真派重要人物丘处机（号长春子，1148—1227），不辞万里往返三年的劳苦旅程，率领 18 名弟子赴西域参见成吉思汗，乃受封为“掌管天下出家人”的尊崇地位[21]。真正做得到“威武不能屈”的只有禅宗六祖惠能一人，他在粤北曹溪开宗传道，竟能婉拒武则天的召唤。由此比较，南怀瑾先生可谓得到禅门风骨真传的“方外人”了。

“接引菩萨”的角色

经过上述种种亲身体验的比较，我才敢肯定地说，像南怀瑾先生这样的高尚品格，不但在西方大师级的人物难以见到，就是在中国明清以来的文化界人物中，也找不到几位。

尤值得注意的是，一个人的高尚品格是一回事，他的品格能否感召人群又是另一回事。如果只是“孤芳自赏”，对社会没有影响，这种人也无什么功德了。南老师绝非“孤芳自赏”之人，相反的，他一生实际上都在扮演“接引菩萨”的角色。

很多人本来是“与佛无缘”的，只因认识了南先生或看了他的著述之故，而皈依了佛门。我个人就是好例子，在认识南老师之前是一个不虔诚的基督徒，专业是法律，根本与佛教无缘。只是南老师主动派人来找我，指点我“要研究佛教的戒律”，自此改变了我人生的全盘方向。

很多人本来对中华传统文化没有概念，甚至怀有极大的偏见，认为孔孟礼义是“封建落伍”的、佛教空理是“消极迷信”的、老庄玄思是“虚无狡诈”的，他们都是因为南怀瑾的缘故而改变了态度，重新肯定了中华传统文化，甚至有许多才俊之士从此决心做一位弘扬中华文化的人。

1997 年 8 月，南老师费了五年心力的“金温铁路”，终于通车了，他不但婉拒参加通车典礼，而且采取彻底行动，声明“还路于民”。他对浙江省和家乡温州来香港的领导说：“你们说想要建铁路，我帮你们把铁路建好了。借余生，我想为中国人修一条大路，这条大路就是文化路。”为此，他还写了一首诗，以明己志[22]：

铁路已铺成，心忧意未平。
世间须大道，何只羡车行？

自此，他用尽了余生十多年的时间，自 2000 年开始，在江苏太湖湖畔创立“太湖大学堂”，更加努力地推行中华文化，为中国人重建了一条文化大道！中华文化本是一条全球无敌的文化大道，只是近代百年多来受挫折，被杂草污泥掩蔽了。幸得出现了梁漱溟、熊十力、马一浮、张君劢、牟宗三、唐君毅、钱穆、徐复观等圣贤级学院派人物，在最衰敝期间担起延续文化慧命的责任，今天终于开出一位同样是圣贤级的普及派人物南怀瑾的事功，把这慧命普及到全中国，乃至全世界。

近年有人以“博、大、精、深”四字来评价南先生的学问，我认为未尽妥洽，因为他向来不在“精微”或“精深”上用功夫。我试以《中庸》第 26 章一段文字来深究此问题：

君子尊德性而道问学，致广大而尽精微，极高明而道中庸，温故而知新，敦厚以崇礼。

依据历代大儒解释的深义，这段文字可以疏解为："尊德性"是一条由体悟最高天理（德性）往下做演绎性精进的学问路线。反之，"道问学"则是一条由归纳各种分殊学问再往上体悟最高天理的路线。"致广大"是第一条路线的特色，"尽精微"则是第二条路线的特色。"极高明"指两条路线皆能达到的境界，"道中庸"则指尽管路线有两条，但实践的方式须合乎中庸之道。"温故而知新"是精进学问的方法，例如汲取中国历史的教训，才能妥当开出未来"中国梦"的新路。"敦厚以崇礼"是指人的内外修养；内在的起心动念要敦厚，外在行为须符合礼义。

这段话把做人的最高智慧的义理，从学问方法到行为修养都说到了，故历来大儒均认为这是最能概括中华文化的一段文字。若以此标准来评价南怀瑾先生，他既是一位"通家人师"和"接引菩萨"，并不以"精微"为务，故宜以"博大高明"四字来概括他的特性，似较允当。

附注

① 有一种观点认为，人类文化的"轴心时代"（The Great Transformation）由苏格拉底、耶稣、孔子、释迦牟尼四位圣哲对2000多年来的世界文化有决定性、开创性的影响，他们的影响力至今犹存。详见卡尔·雅斯培著《四大圣哲》，赖显邦译，久大文化公司1992年版。［英］凯伦·阿姆斯特朗（K. Armstrong）《轴心时代》，孙艳燕、白彦兵译，海南出版社2015年版。

② 虽然传统上有一派人（始于汉代今文经学）认为"六艺"（诗、书、易、礼、乐、春秋）为孔子所创作或删定，但另一派（古文经学）认为孔子只是"述"而不作。如《论语》即为曾子等学生所记的孔子言行。此问题参见冯友兰著《中国哲学史》第一篇第四章。

③ "四摄"的详细内容可参见拙著《现代佛学别裁》第252页，台北版。《佛学别裁》第171页，上海古籍出版社版。

④ 南老师精研医药的详情，参见南一鹏著《父亲南怀瑾》（上册），浙

江人民出版社版，第256页以下。

⑤ 参见《太平御览》卷六百九所载之“卜商诗序”。

⑥《悟真篇》是北宋时期重要的道教典籍，为紫阳真人张伯端（984—1082）所作。他成为道教内丹派南宗之祖，正是此书之故。详见第七章“道书的辨别”节。

⑦ 老师此言，见《戒律学原理》摭言，载于拙著《佛教戒律学》。原文亦载于南怀瑾著《中国文化泛言》第124页，东方出版社2016年版。

⑧ 佛教有“五眼”之说：(1) 肉眼，为肉身之眼；(2) 天眼，修禅定所具，能透视众生的未来与生死的眼力；(3) 慧眼，二乘人之眼，能透视一切事物的空相本质；(4) 法眼，菩萨能照见一切法门眼力；(5) 佛眼，圆具一切的眼力，即不但能看见事物的普遍共相，也能观照万事万物的殊相。可参见《佛光大辞典》和《佛教思想大辞典》(吴汝钧著，台湾商务印书馆出版）该条。

⑨《孟子·告子》含有极深的义理，解疏得最好的应推牟宗三先生。详见牟著《圆善论》第一章，台北学生书局1996年版。

⑩“做会”（合会）是台湾民间早年流行的金融活动，又称为“互助会”，原无明文规定，产生纠纷甚多。

⑪ 我第一篇宗教性论著是《我国固有法律对佛道二教之管理初探》，载于《政大法学评论》第17期［1978年2月，后由《疾风》第10—12期转载（1980年5、6、7月号)］。

⑫ 见香港《东方日报》1998年4月22日第二版所载“台湾各类教案”的统计表。

⑬“四摄”是吸引众生进入佛门的四种方法。进入佛门之后，如何长久相处就有“六和敬”法门。出处详见注③书。

⑭“三千威仪，八万细行”的具体内容，可参见《佛光大辞典》该条的说明。

⑮ 详见拙著《戒律学原理》第184页，台北老古文化公司1999年初版。《佛教戒律学》第五章第五节，宗教文化出版社1999年版。

⑯《荀子·儒效》："四海之内若一家，道达之属莫不服从，夫是之谓人师。"又《后汉书·灵帝纪》："盖闻经师易遇，人师难遭。"

⑰ 金温铁路建设始末详情，可参见南一鹏著《父亲南怀瑾》（下册）第460—525页，浙江人民出版社2015年版。

⑱ 老师的教诲，我于1993年9月28日撰文《这是一条美好的路》，载凤仪农场简介的"前言"中。

⑲ 1994年8月，中央主要领导人派许鸣真先生持函正式邀请南先生赴北京。南先生写了一首诗婉拒。此后，终老师的一生都未去北京。此事详见注④书《父亲南怀谨》（下册）第520页，浙江人民出版社2015年版。

⑳ 在中国佛教史上有"三武一宗法难"事件，即北魏太武帝（445）、北周武帝（574）、唐武宗（845）及后周世宗的灭佛事件。详参注③书第354、359、368页。

㉑ 丘处机见了成吉思汗，确实做了不少好事，除了使全真教派大盛于元朝外，也劝告成吉思汗慎杀伐。

㉒ 此事详见《父亲南怀谨》（下册）第522页，浙江人民出版社2015年版。

第三章
未有神仙不读书

我初入南门，老师便送给我一本书，书名《静坐修道与长生不老》。我拿回去细看，觉得此书很新奇有趣，但对其内容的实际涵义却不甚了解，因为它不断谈到“气脉”“精气神”“奇经八脉”“密宗七轮三脉”等等，都是我从来未接触过的词语，骤然间当然难以领会了。但当我看到“由来富贵原如梦，未有神仙不读书”之句时，心中不由一凛。自此，不但印象深刻，而且对我终生不断读书的意念起到了强化作用。

北宋紫阳真人张伯端，在他的道教巨著《悟真篇》开首，便是一首诗：

不求大道出迷途，纵负贤才岂丈夫？
百岁光阴石火烁，一生身世水泡浮。
只贪利禄求荣显，不顾形容暗瘁枯。
试问堆金等山岳，无常买得不来无？

际此南怀瑾先生百年诞辰，综观他一生的德业成就，恰好从反面印证了这首诗所说的完全正确。具体言之，南老师天生英才，又自幼好学，一生只愿求大道，真正做到了“粪土富贵、弊屣王侯”的境界，不知老之将至，奋发精进，死而后已！我素不擅长写诗，为表敬意，也勉强仿紫阳真人此诗，和其韵而反其义作颂云：

南公怀师颂

力求大道辟坦途，天纵英才大丈夫！
百年光阴如火烁，一生德业谁能副？
卑夷利禄贱荣显，那管容颜暗悴枯。
试问当代显达者，有谁可称人师无？

本章的主旨是探讨南怀瑾先生德业成就的根源，除了禀赋天纵英才之外，就是毕生好学不倦。他的好学，具体表现在他爱读书和求新知的种种实际行动，一如《周易·乾》所言“天行健，君子以自强不息”。我有幸追随南师数十年，亲身经历过许多事，从未见过有人比他更好学的了。

以下就是以我所见闻的事例为经，引证相关的经典为纬，以阐述这位老师是何等的好学。

富贵是什么

我初入南门，老师便送给我一本书，书名《静坐修道与长生不老》。我拿回去细看，觉得此书很新奇有趣，但对其内容的实际涵义却不甚了解，因为它不断谈到“气脉”“精气神”“奇经八脉”“密宗七轮三脉”等等，都是我从来未接触过的词语，骤然间当然难以领会了。但当我看到“由来富贵原如梦，未有神仙不读书”之句时，心中不由一凛。自此，不但印象深刻，而且对我终生不断读书的意念起到了强化作用。

第一句“由来富贵原如梦”是很易令人不解的说法，我一直到了近知天命之年，才领悟到这句话的真义。盖“富贵”与“长生不老”一样，是人的本能性愿望，怎会是虚幻的“梦”呢?“富”是指财富，可使人的物质需要无缺乏，使生活充实，故求富没有什么不对，不算虚幻如梦。“贵”指社会地位，可使人活得有尊严，也使生活充实，故求贵也没有什么不对，也不虚幻如梦。况且，连孔子也说过：

> 富而可求也，虽执鞭之士，吾亦为之。如不可求，从吾所好。(《论语·述而》)

司马迁且把首句改为“富贵如可求也”《史记·伯夷列传》。由此可见，孔子也认为求富贵是应该的，只是刻意去求也求不到，只好照自己的兴趣生活下去而已。孔子还有一句名言：“不义而富且贵，于我如浮云。”又说：“富与贵，是人之欲也。不以其道得之，不处也。”（《论语·里仁》）由此足证，孔子绝不否定富贵，不认为富贵虚幻如梦，只是与“仁义之道”比较起来，后者的价值更高；“君子爱财，取之有道”，富贵的获取要以高尚的手段，不可乱来。

随着年龄的增长，阅历的增多，我才慢慢领悟到子夏所说的“生死有命，富贵在天”（《论语·颜渊》）这句话十分正确，像人的死生和富贵，个人能自主操纵的成分很少，只能委之于天命；“天命”如此，人只能“顺受”（乖乖地接受它）而已。晓得这个道理，才能悟到：若以终生的宝贵时间去追求富贵，不是多属白忙一场的吗？醒来才知“白忙一场”，当然就是“原如梦”了。从更深一层去看，少数幸运的人果然有了富或贵，极少数人甚至“既富且贵”，但到了人生的最后，无论有多少财富、有多显赫的地位，都没有了意义！人生到此才醒悟，真可谓是“富贵原如梦”。正如《悟真篇》另一首诗云：

人生虽有百年期，寿夭穷通莫预知。
昨日街头犹走马，今朝棺内已眠尸。
妻财抛下非君有，罪业将行难自期。
大药不求争得遇？遇之不炼是愚痴！

由是我悟得：人追求富贵是自然的，没有什么不对。但此等事只能看作是人生的“手段”，不是“目标”。且以驾车往一个目的地来作譬喻：我有事必须去台北，于是驾车从桃园杨梅家中出发。如果我有一辆汽车，还要有汽油才行；如果没有汽车和汽油，我可以改乘火车或大巴，甚至改骑单车，最没办法时只好步行，总之我必须去台北。这是说，到台北是不变之“目标”，如何去台北是“手段”或“方法”；手段或方法是可以变换的，目标是不能变的。“富贵”就好比人生的手段，自己选定的终极价值才是人生的目标。但一个人能选定什么终极目标呢？这就是儒、道两家常说的“立志”问题了，立定志向成圣贤或成神仙是人生最高的目标。当然什么“志”都不立，只是随波逐流地过一生也未尝不可，一般有情众生不就是这样过了一生的吗？但你若是像南老师这样的英才，必然不甘愿浪掷一生的了。

真有神仙吗？

其次，我们要探讨“未有神仙不读书”这句话。

世间到底有没有神仙？我初见南老师的时候，已相当熟悉孔孟之书了，孔子并不否定“鬼神”的存在，只是自称“不知”而已[①]。因而，当时年轻的我也像一般书呆子一样，受了《封神演义》《西游记》《平妖传》或《白蛇传》等古典神怪故事或一些宗教传说的影响，以为神仙真是有的。神仙是怎么来的？是“修”来的，试想白蛇和青蛇，修炼了千年也会变成人形；人类经过漫长的修炼，当然会成神仙了。问题是，到底怎样修炼呢？这却是我们不知道的。这也就是，一直以来很多人想拜南怀瑾先生为师之动机所在。

书上居然有南老师这样的话：“未有神仙不读书”，这是我从来闻所未闻、想所未想的。神仙是“修”来的，怎么也要读书？当时我只知道儒家的话：“书中自有颜如玉，书中自有黄金屋，书中自有千钟粟”，读书使我们有知识。有位西方哲人说：“知识就是力量。”就是说，读书求知可以解决我们生活上许多问题，但神仙又不过世俗人的生活，读书干什么？难道说，读书不只会得到如花似玉的娇妻、丰盛的财富和高官厚禄，还可以做神仙吗？这就太吸引人了。看了《静坐修道与长生不老》书上这句话以后，本来就爱看书的我，自此更坚定努力读书了。这倒不是说我想去做神仙，只是这句话引起了我对“神仙”的好奇，想研究清楚到底“神仙”是怎么一回事。

总之，“未有神仙不读书”这句话引起了我莫大的好奇心，直到我年过花甲，经过无数波折，才自信已把这个问题弄清楚了。

如果依康德（I.Kant,1724—1804）的知识论，人的认知能力是在时间和空间的条件下才是有效的，不具备这两大条件的事物（如果是存在的话），就不是人类所能认知的了。换言之，鬼神既不是存在于人生活的空间和时间中的东西，即使真有鬼神，也不是人的认识对象了。再具体言之，神怪故事或宗教传说，人死后会变成鬼或神，因为鬼神存在于另外的世界，这便是我们人类所不能认识的了。由此可见，孔子对鬼神之事采取既不肯定也不否定的态度，正是圣哲的大智慧表现。

我也请教过南老师有关神仙的问题，他的答复是："一个人在世时生活得很宁静愉快，将要辞世时自己清楚明白，该做的事尽力完成，绝不恐惧而安详，也不连累亲人好友，这不就是神仙了？"这等于把"神仙"一词解作一种譬喻，只是人类"好活好死"境界。后来我深入研究，果然如此！佛教唯识宗有"三界唯心，一切唯识"的说法，天台宗更有"心、佛、众生三无分别"的说法，这等于说，无论是"佛"也好，"神仙"也好，"凡人"也好，"魔鬼"也好，都不过是吾人的"心"所产生的东西。而心为何会产出这些东西？说白了就是"境界"问题。你的"心"如果处在圣洁无垢的高境界，那么你就是"佛"了。你的"心"如果处在宁静怡悦的境界，那么你就是"神仙"了。你的"心"如果处在充满利害欲念的境界，那么你就是"众生"了。你的心如果处在邪恶凶狠的境界，那么你就是"魔鬼"了。由此足证，南老师的讲法完全符合佛法。或者说，他的观念应该正从佛法来的。

吾人还可拿道教的核心义理之变迁，来作深一层的引证。原始道教的宗旨就是教人修炼成神仙，这也是古典神怪小说中神仙故事的源泉。如何能修成神仙呢？道书的主要内容便是教人各种修炼"外丹"的方法，简称为"炼丹"；无非是把铅、汞（丹砂）、雄黄、明矾等矿物放到鼎炉中去烧炼，经过繁复的程序炼出来的"金丹"或"还丹"，吾人服用了可以长生不老成为神仙。但秦汉时许多人，包括一些皇帝，服用"金丹"而中毒死亡，真正长生不老的人却未证实有一个。于是，连道教中人也渐渐起疑，到底有没有"成神仙"这回事？但直到东晋的葛洪[②]，依然坚信：金丹可使人长生不老。他很有学问，能把儒家思想、各种医药学问与道教义理结合起来，写出大著《抱朴子》。高道尚且如此！到了隋唐时代，道教大量吸收儒家的"修心"、佛教禅宗的“修性”义理，才逐渐抛弃“外丹”的原始修炼方法，转向“内丹”方向修行。但即使在唐代，还是有多名皇帝和大臣服仙丹而死。直到宋朝以后，出现的道教主流“全真派”，才完全主张内丹，不再做服金丹可“白日飞升成神仙”之梦了。此派的道士几全为饱读儒家诗书的人，他们把儒家思想、佛家义理与道教“内丹”修行方法结合起来，走上了“三教合一”的方向。明代出现的《性命圭旨》是最有代表性的道书，其中有段话充分表现出“三教合一”思想：

> 儒家之教，教人顺性命以还造化，其道公。禅宗之教，教人幻性命以超大觉，其义高。老氏之教，教人修性命而得长生，其旨切。教虽有三，其道一也。③

那么，道教内丹派的重点仍在长生不老（成仙），又是怎么一回事呢？清朝末期出现的一本重要道教著述《乐育堂语录》的“神仙之道章”是这样说的：

> 至若修炼要诀，不过以虚为君，以阴阳为臣，以意为使。识此三者而次第修之，神仙之道尽于此矣！……由一气而散为阴阳者也。上身为阳，下体为阴；呼出为阳，吸入为阴；前升为阳，后降为阴；发散为阳，收藏为阴；动浮为阳，静沉为阴。总之，阴阳无端，动静无始，不可以方所拘者也。④

这段话等于说，所谓“神仙”，不过是运用人的心识（意），按照身体的“阴阳”原理去操作，最后达到“虚寂”的境界而已，这便是修炼成神仙的方法了。依这方法去修炼，修成“神仙”的具体境界是这样的：

> 尔诸子务要于行、住、坐、卧，无论有事无事、有想无想，与夫茶里饭时，在在收神于心、敛气于身。久则神气浑化：前不知有古，后不

知有今；上不知有天，下不知有地；内不知有己，外不知有人。如此者，非神仙而何？[5]

综上所述，道教的终极目标就是要人做长生不老的神仙，但古代的“外丹”派与后来兴起的“内丹”派，对“神仙”的认识完全不同；前者以为服用“金丹”可以做到躯体飞升而成仙，后者却认为“心神合于大道”就是成仙。心神合于大道，其形（身躯肉体）也会相应地变化。如是形神相合，即是性命相合；性命相合就是成仙的境界了[6]。

这样，问题又回到了“修心”的焦点。讲到这个“心”，真是极端复杂，正如道教《内观经》所说：

人以难伏，唯在于心。心若清净，则万祸不生。所以流浪生死、沉沦恶道，皆由心也。

儒家思想一向重视人的“心性”，孟子认为人皆有“良知”，但人多不能显现发挥他的良知，乃被七情六欲所掩盖，而使良知“放失”了之故。

把人心之所以极难驯服的原理分析得最精细的莫过于佛教，尤其是中国天台宗的“一念无明法性心”有关理论，大意是说：人的心有无穷的疑惑烦恼（又称为“惑染”），惑染可以分为三大类：第一是枝末惑，包括“见惑”及“思惑”；前者妨碍了我们对道理的了解，后者妨碍了我们对实际事务的了解。第二是尘沙惑，这种惑像恒河沙数一般的无穷之多，使人无法通晓道种智。第三种是根本惑，又称为“根本无明”，这是人们与生俱来的迷惑，佛陀悟得十二因缘的起首便是这种惑[7]。佛门这种说法极精深，在这里不宜深究，我只是强调一点：“心”既然如此复杂，要“修”到清净，当然必须读书、不断求进步才行。由此就回到本节的主题，想做神仙必定要读书，故南老师之言“未有神仙不读书”，正是至理！

热爱书籍

南老师一生好学，从他“坐拥书城”的生活方式或可概见。我初见老师不久，他即搬到台北信义路二段 271 号复青大厦，八楼是居所，九楼是办公室和接待室，十楼至十二楼则作教室、佛堂。老师通常见客、用餐在九楼，除了少数工作人员之外，很少人到过八楼。

有一次不记得是什么原因，要我到八楼去见老师。我一进入，不由吃一惊，这就是一个小型图书馆嘛！整层楼板面积约 100 坪（300 多平方米），摆满了一排排的三层书架，每层整齐地放着各种书籍。我浏览一番，包括各版的《大藏经》、全套《道藏》、《古今图书集成》、廿五史等大部头典籍，也有各种个人单行本著述，甚至有极少见的线装绝版书等，分门别类地放在各个书架上，估计有数万册之多。老师的卧榻和衣物只是摆在一个角落，看来很简陋很狭小，这真是名副其实的“坐拥书城”啊。早在 1981 年，老师写《辛酉阳春》诗，表达自己“坐拥书城”怡然自适又心怀天下的境界：

吹晴风劲撼窗棂，坐拥书城意乍胜。
一念关情天下事，尘心不了滞飞升。

1985 年 7 月间，南老师移居美国，三年后移居香港，10 年后移居江苏省吴江市七都镇庙港区的“太湖大学堂”，大量书籍也就随着他移动。南老师有一次郑重地对我说：“你办了十多年的《龙旗》，既是你的心血，也记录了这段时间的历史，如果还有完整的一套，应该搬来香港保存。”这是我连想都未想过的事，老师对学生的爱护，对文章资料的珍惜，实在令人感动！于是，我回到台北家中，把整套《龙旗》搬到了香港铜锣湾一处房子。这时我才知道，南老师在台北的大量书籍就是一包包的堆在这里。香港地方小，不可能有像台北那么大的空间摆“书城”，能有这样的放书籍的专用房子，已了不起了。

老师对书籍非比寻常的重视，源自他内心对文化的真诚崇敬。我经历过两件“小事”，可证实这一点：

有一次，老师在晚餐后照例做不拘形式的讲课，提到一般人喜欢在上厕所时看书。他说这种习惯很不好，他自己从来不这样做，因为这是“对书本的大不敬”！他进而指出，《礼记》第一句便说“毋不敬，俨若思”！这句话是教导我们：君子的一切行为以“敬”为准则，表现在外的态度要端庄持重、像有所沉思的样子；把书拿到厕所看就是对书本的不敬了。一个人如果内心真正重视文化，对书本不可以这样。老师这番话，令我自感羞愧、永生难忘！我也是常常拿书到厕所去看的。在台北家中厕所里，随时放着一堆书，供全家人看，却从来未觉察到这样是“大不敬”。自从听了老师这番话，再也不敢这样做了。《荀子·修身》有道：“礼者，所以正身也；师者，所以正礼也。无礼，何以正身？无师，吾安知礼之为是也？”正是印证了这深刻的道理。

我在香港读博士班时，常常在台北或广州、深圳购买新书。有一次，我对南老师说，最近出现一些新书，如霍金的《时间简史》，陈履安推荐的《心智科学》，乃至一位美国人的翻译本《进化——广义综合理论》等等，我看了觉得很好，获益匪浅。他听了立即责备我：“你为什么不替我买？”从此以后，好几次看到有价值的新书，我都购两套，一套送给老师，一套留给自己。老师收到这些书很高兴，必定加倍送回购书款，我不收也不行。老师不断求进步而爱书籍，由此可见一斑。

其实，就我自己当年之所以有缘拜谒老师，就足以证明他是何等重视书籍的了。如前章所述，30 多年前，南老师看到我的《古今法律谈》，大概觉得此人可以研究佛教戒律，就要学生找我去见面，自此结下我终生的南门缘。我试自问，几十年来，我的书也传播得相当广泛，但除了老师之外，还有第二个人如此看重的吗？

马康慈的故事

现在，换个角度来了解老师的自强不息。

大约在 1980 年，通过一位从越南到台北的林姓华侨介绍，我认识了针灸医生马康慈。他原籍广东，学医有成，据说成了著名的北京协和医院医师。后来到了台湾，因其时台湾缺乏针灸人才，所以他立即受到重视，被台北荣民总医院特聘为针灸医师，专门研究“针灸麻醉”的手术。此外，他又在台北复兴南路开了一家私人的针灸诊所。他最擅长的是以针灸治疗气喘病。台湾气候湿热，患这种病的人很多，他的诊所很快便门庭若市，赚了很多钱。

也不知靠什么因缘，1982 年间马医生竟然也到台北市信义路复青大厦九楼拜见了南老师。老师了解他背景与技能之后，当然很重视这种稀有的人才。此后他又到老师办公室数次，有时我也在场；亲耳听到老师恳切地教导他：“你有这种技能，做到针灸麻醉，很了不起！但千万不要以此就满足了，你一定要不断求进步，因为医术是不断在改进的，不求进步很快便落伍了。”他听了只是傻笑，显然不把这教诲当回事。有几次我单独见老师，谈到马医生，老师就明白地对我说：“这个人最大问题就是不求进步！”

我那时未到四十岁，已患上严重的类风湿性关节炎，而且越来越严重，双膝关节常常突然红肿，痛到不能走路。用尽各种西药、中药等治疗方法皆无效，只好找马医生针灸试试看。他见我也是广东老乡，年纪也差不多，又同在南老师那里碰过面，所以热情接待我，不但不收诊疗费，而且常常单独请我到一家高级中餐馆和一家法国西餐厅吃饭；这两家的东西很贵，不是他请客，我实在吃不起。这家中餐馆是粤菜，经理也是广东人，跟马医生很熟，每次光顾之前一日先以电话预约，那位经理就特意用十斤以上的西洋菜头梗炖成一大碗汤，喝起来十分醇浓，别说台湾，恐怕就是香港的餐厅也没有这样的好汤；西洋菜在台湾本来罕有，用上十斤去熬汤实在太奢侈了。至于那家在仁爱路的法国餐厅，当时在台北是绝无仅有的高级。要不是马医生带我去，我根本没机会去，在那里我认识了什么才是正宗的法国菜。由此小事足可窥见，马医生那时多么风光！

大约过了三年，马医生就迁到美国洛杉矶去了。我为了《龙旗》在美国的发展，1983 年春天曾到洛杉矶停留了二十天，又同马医生相处多次。当时他在洛杉矶著名的华人聚落区蒙特利公园市开了一家针灸诊所，业务尚可。在美国期间，我更觉得马医生是个憨厚的人，天生有福气。但正如老师所说，只会吃老本，不会求进步。他的诊所并没有什么新的发展，他本人连一张合法医生执照也未领到，更未能打入洋人圈子，只靠侨社的华人做点生意，收入大不如在台湾。但马医生对这种境况好像全不介意，只喜下班后到某处去饮茶吃饭，假日则去做实弹射击之类的消遣。我想起南老师当年的告诫，不禁隐隐地为他担忧。

回来台湾后，有关杂志的事务越来越繁忙，我也没再同马医生联络了，只是透过其他从美国回台参加庆典或过春节的朋友略加了解他的状况。这样又过了好几年，大约到了 90 年代初，才听朋友说，他在美国不能开针灸诊所了，因为有人控告他“违法医疗”，情况很不好。到了 2003 年中，我忽然听台北一位朋友说，马医生回到了台北居住，也不能开业，只能当“密医”，靠几个老客户来针灸的微薄收入度日，而他自己的身体已很坏，到了风烛残年的程度了。我听到这种状况，实在不胜唏嘘！很想去看探望，但始终无法知道他住何处。直到今天，每当我忆起马康慈这个人，就会深深地感叹；他这个人很厚道，没什么心眼，只是有点傻乎乎的。正如俗语说：“少壮不努力，老大徒伤悲！”他本有很好的医术，也有辉煌的经历，恐怕大都是来自“好命”而不是“自强”的结果；时运转了，就不能与时俱进了。

关心岭南文化

1993 年底，我初到香港，有多次单独陪同南老师上下班的机会。他的办公室在中环都爹利街一栋商业大楼，住处却在香港公园上方的坚尼地道，见客处是 36B 四楼，住所则在旁边一栋住宅大楼上。从住所到办公室的距离并不远，可是交通十分不便，要行走弯弯曲曲、高高低低的小径，又有几个狭窄而车流甚多的路口要穿过。这段路无公共汽车可通，出租车须绕大圈子，故打车十分困难，所以老师每天中午走路下山去上班，下午约 5 时上山回住所。师生两人像散步般边走边闲谈，倒也逍遥自在。

几次闲谈下来，我悟得老师的用意有三点：一是让我认清来往的道路。据说香港考出租车执照不是考开车技术，而是对道路的熟悉度，由是可见此地道路之难认了。师生二人多次散步上下班，正是老师引我认路之苦心。其次，在闲谈中，他能了解我有什么想法。最重要的，当然是启迪我。

记得首次陪老师散步，他便引《论语·公冶长》的一段话说："道不行，乘桴浮于海。从我者，其由与？"因为后文还有"子路闻之喜。子曰：'由也，好勇过我，无所取材。'"老师如此说，等于把我比作子路，我连忙说不敢当。事后想来，老师引这段话，也是一种感叹：当时他已年近 80 岁，毕生弘扬中华文化，却未能开花结果，不得已屈居在香港这个以商业为主宰的红尘之地，能不感慨万千？

多次散步中，南老师忽而提起近代香港海盗张保仔，忽而提起隋朝岭南冼夫人，忽而提起现代广东才子南海十三郎的事迹。我在广东出生，但自小长在闭塞的农村，青年时已移居台湾，所以对这些同乡先贤一无所知。而老师只是一位来港没有几年的浙江温州出生的老先生，竟然对这些广东典故如此熟悉，我深感惭愧之余，对他这种不断求知的精神实在佩服得五体投地！老师说了这些典故，特别提醒我：要注意弘扬"岭南文化"！

后来，我依老师所说，详细了解这三位前贤的史迹，才知他们真是了不起的人，兹略述如下。

一、张保仔

张保仔（1786—1822）原名张保，是清朝乾嘉年间的一个传奇海盗。他生于广东新会县江门镇（今江门市）水南乡一位渔民之家，15 岁时随父亲出海捕鱼，却遭海盗郑一掳走。郑一及其妻石氏都喜欢这位英俊勇敢的少年，由此他在海盗中的地位逐渐提升。

郑一遇台风落海而溺死后，他的海盗红旗派就由石氏率领，张保仔成为得力的助手。不久两人结夫妇，张保仔成了红派海盗的领袖。那时，活跃在香港水域的海盗有红、蓝、黑三大派，时时争斗不已。据后人考证，红派旺盛期，张保仔旗下共有战船达 300 艘，部众 7 万余人，朝廷对他多所畏惧。最后，在两广总督百龄的招安计策的瓦解下，张保仔及其妻石氏于 1810 年 5 月 22 日接受招安，共计：战船 226 艘、炮 1315 尊，兵械 2798 件，海盗和眷属 17318 人，在香山县（今中山市）外海芙蓉沙与两广总督交割。清廷恢复其张保之名，赏千总顶戴官衔，后升任福建澎湖协水师副将。

张保仔的事迹在香港广为人知，并有许多有关的古迹存留至今。

二、冼夫人

冼夫人（约 512 或 525—约 602 或 604），原名冼英，隋文帝封她为“谯国夫人”，世代以“冼夫人”尊称。她出生于广东西南部高凉地区（今茂名、湛江、电白等地）的一个俚族首领大家族，其族拥有私人武力十余万之众。

她自幼聪慧勤勉，闻名乡里；嫁给梁朝高凉太守冯宝为妻。冯病故后，她亲自主政，更率领部众平定粤西到广州的多次叛乱，人称之为“王”或“圣母”。

她历经梁、陈、隋三朝，极力维护国家统一，不但多次平定地方变乱，而且坚拒割地为王，故为历代皇帝敬重。早在梁武帝时，她便上书要求收回海南岛、设郡县，并自荐驻守海南岛治理之。原来，早在汉元帝时，中央朝廷就未派官员实际治理海南，此岛已近荒芜了500年。梁武帝批准她的上书，恢复对海南岛的实际统治。冼夫人亲自主持海南岛归属中央政权的重建工作。她及其子孙治理海南岛100多年。后来海南的黎族与广东的俚族有密切关系，亦因于此。因冼夫人力主统一，扫平地方叛乱，拒绝割据为王，周恩来称她为“中国第一巾帼英雄”。抑或因此之故，南老师来到香港后特别看重冼夫人的历史，提出来要我注意。

三、南海十三郎

江誉镠（1910—1984），别字江枫，艺名南海十三郎；籍贯广东省南海县佛山市张槎区，20世纪30年代杰出的粤剧编剧家。父亲江孔殷是清朝最后一榜进士，受封为翰林太史，在广州河南同德里建有“太史第”私邸。母亲杜氏是江太史的妾侍，他出生时在江氏子女中排行第十三，故号“十三郎”。母亲不久因难产去世，十三郎由乳母抚养长大。当时广州“太史第”是著名的红楼梦大观园式的府第，有很多名菜流传到今天，如“太史鸡”“太史蛇羹”等。十三郎天生聪明过人，但自幼失去母爱，常受众多庶母和异母兄弟姐妹的白眼，由此养成孤僻愤世嫉俗的个性，也造成了他传奇性悲剧的一生。

20世纪30年代初，十三郎考上香港大学医学专业。他的文学才华甚高，显然不是医学中人，但如何从医学过渡到戏剧界？这应与他的十一姐江畹征有关。十一姐爱好粤剧创作，创作后由十三郎润色，且署以“南海十三郎撰剧”送出。20世纪30年代最重要的粤剧演员薛觉先首本剧《女儿香》就是这样诞生的。顺着这种因缘走下来，十三郎便同薛觉先合作，一位编、一位演，每演必轰动剧坛，常是一票难求。薛觉先留存到今天的许多一流的名剧，如《胡不归》《陌路萧郎》《汉武帝初遇卫夫人》《心声泪影》等，多为十三郎编剧。抗战期间，十三郎到粤北从事“救亡”的编剧工作，成绩斐然。胜利后他重返香港，却因恃才傲物，常公开批评一些电影“媚俗、有伤风化”等，影剧界许多人不堪忍受，因而他失去了工作机会，沦为街头流浪者，最后精神失常，病逝于香港大学玛丽医学院，享年 74 岁。他收过一徒弟唐涤生，后来也成了著名剧作家。

综观这位多才多艺的可悲才子，一生编过 100 多部著名的剧本，最后留下他自己译自莎士比亚的墓志铭，令人不胜感叹：

休将吾骨伴嚣尘，黄土一抔葬此身。
顽石有情充棺椁，千秋犹斥泯英魂。

我早年曾在广州读书，养成爱听粤曲的嗜好，尤其是高水平的粤曲，不但配乐韵美动听，文辞更是典雅极致，令人神往，故一直维持这爱好。我自小学到初中没有机会熟读古文和诗词，如果说有一点古诗词基础，那都是从粤曲来的。经南老师这一提醒，才知这些典雅动听的曲词多是南海十三郎所作，对这位英才同乡，不禁感怀不已！特在本章附载他的一篇代表作《寒江钓雪》以表敬意。

南老师提到的三位广东杰出人士，他们的身份很有趣：一位是巾帼英雄，一位是大海盗，一位是悲剧文士。但他为何对我说这三人呢？我想，除了要我注意岭南文化的多彩多姿之外，更重要的用意就是，我应以他们为鉴照吧。一个蛮夷出身的冼夫人也能做到名垂青史的巾帼英雄，一个经历坎坷的张保仔也能做到大海盗头子，最后改邪归正。而一位才华横溢、出身豪门的文人，如果他能有看破世情的智慧或超越世俗的修养，必不至于晚年落魄到如此悲惨。

自西汉以来，岭南就出了许多极重要的人物。如汉初的南越王赵陀，《史记》载有他与汉文帝来往信函，近年还在广州越秀区发掘出他的古墓。依我族谱《劳氏家乘》记载，劳氏出于山东崂山，原是赵陀之后人，为避祸故，改山为氏；且有“劳皮赵骨”之俗，生时姓劳，死后恢复姓赵。两晋时有劳氏人南迁到浙江、湖南；南宋时再迁到广东古劳、开平等地。我的出生地就是开平。

至于著名的道教大师葛洪，本是江苏人，长年在广东罗浮山修道，撰成名著《抱朴子》，为道教代表性著作，流传到现在。接下来是禅宗六祖慧能，生于广东开平的邻县（新兴），以一位不识字的“葛獠”在中国佛教界享有崇高地位，他的真身至今犹驻广东韶关曹溪的“南华寺”，受全球信众的膜拜。

此后，与岭南有关的文化大师级人物辈出。如唐代的韩愈（曾贬居广东潮州）、宋代的苏东坡（曾贬居广东惠州）、明代的陈白沙（理学家，广东新会人）等，均成就斐然。及至近代，康有为、梁启超、梁漱溟等人对中华文化贡献很大。贡献最大的人当然还是孙中山先生，他不但推翻了2000多年的帝王专制统治，而且在思想上融会中西文化之所长，表现出一个“自信而不自盲、自知而不自卑”的崇高人格，成为后世中华民族庄敬自强的榜样。

就我研究所知，岭南文化确有一大特色，那就是“融会”性质。例如：广东饮食文化中的“饮茶”，最大特色就是数以百计的点心，不但兼采各省之所长，更兼摄西方各国茶点之所优，精美繁多，今天已成为遍布世界各国的精美饮食代表之一。又如：在粤语文化中有重要贡献的粤剧，本来源自北方戏剧，至近代摒弃了传统的京腔，改以广东白话演唱为主，而且融入各种优美的唱腔、地方小调、流行歌曲，甚至西方曲调。在伴奏乐器方面，更大量采用了中西方的胡琴、扬琴、琵琶、提琴、木琴甚至萨克斯等，俨然成了中西合璧的小型交响乐团模式。粤剧这种“集大成”特色，在中国内地各种戏剧，无论京剧、越剧、川剧等，都是没有的。至于人文文化方面，六祖惠能把中国传统的“心性之学”融入印度佛教之中，创造出有中国特色的禅宗，更是最好的例证。

总而言之，岭南文化这种融会性特色，恰与南怀瑾先生的学问特质相同，都是博大高明路子，这就难怪他提醒我弘扬岭南文化，不但证明了他的不断求知精神，而且也暗合了他的学问特质。只是我自忖才疏学浅，何堪当此弘扬大任，有负老师厚望！

不断精进

“苟日新，日日新，又日新……是故君子无所不用其极”这段话是《礼记·大学》中描述一位君子如何不断求进步的，也鼓励我们要努力精进到“至善”的极点才可以。

在这本节中，我且以自己亲身感受、亲自经历的三件大事，来说明南老师正是这么一位不断努力的人。

一、关心分税制

1993年11月，我忽接南老师来电，催促快去香港有事商量，云云。我速赴港见老师。他对我说，要起草一份研究分税制的文件送北京。原来，曾有人在老师面前夸夸其谈分税制，而这几天境外报纸都登载了内地将实行分税制的消息，老师看了很担心，怕将来演变成地方势力做大的局面，对中国的发展不利，于是连忙打电话到北京，请许鸣真反映上去，说此事牵涉严重，要慎重处理。许回话说，中央领导对老师的意见很重视，并表达感谢，希望能写成书面的，以便深入研究。于是，老师要我速赴港，立即起草一份文件，经他改定成为《对分税制及有关问题的看法》，随即送北京。

这篇文字以师生二人对答形式写成，所以包含了老师和我的看法；虽然只有5000字，但内容广泛，涉及古代诸侯割据的经验教训、台湾税制的来源、中西法制特色等比较深奥的问题。（全文见本章后的“附载一”。）

我在这里强调的是，试想：老师只是一位文化界人士，又不是财经专家，怎么会关心起税制来？这便是他真正了不起的地方！由此事可以看出：他随时注意各种新问题，然后提出因应的方法，这不正是“日日新”精神的具体表现吗？

二、海峡两岸暨香港法学交流

大概因提出上述分税制的意见，引起了南老师对中国法制问题的关注，不久就吩咐学生饶清政向中央有关部门提出“促进海峡两岸暨香港法学交流合作”的意见，民政部门等主管单位很快就同意了。于是，1995 年 2 月 14 日下午，司法部原部长蔡诚一行三人专程来香港与南老师见面，双方经过一小时多的交换意见，达成了合作的具体共识。此次会谈的全部过程都录了音，事后由我根据录音带写成“会谈记录”，再呈经南老师认可，保存至今成了宝贵的资料。（全文见本章后“附载二”）。

会后，南老师特别告诉我，海峡两岸暨香港办个“法学交流促进会”或“法学人才培训班”之类的机构，只是初步的接触，真正要做的是，大家要纠合各方的法界英才，共同研究出一套适合中国的法制，才是他的最终目的。

南老师的想法是：清政府被推翻后，国民政府完全抛弃了中国自汉唐以来行之有效的法制，改采欧洲大陆（主要是德国）法制，这是全盘西化模式，并不完全适合中国的社会发展。而中华人民共和国成立之初，采用了苏联一些法制，没有形成体系；现在坚持建设中国特色的社会主义，理念是很对，但要落实到法制上才成。香港这边呢，行的是英国系统的法制，特点是以不成文法为主，叫做“海洋法”，也是西方的文化产物，更不适合中华民族所用了。因此，如真要做这个研究工作，意义是非常大的。如果只做面上的交流，就没有多大意思了。

老师还特别强调，如果要达成此目标，机构的负责人不够份量不行。后来，台湾方面由于人选的问题不了了之。至于蔡诚他们后来怎么做，则非我所知了。

三、“再造一个中国”

大概在 1998 年中，我的博士论文《佛教戒律学》已完成，呈给南老师看过，他很赞赏，立即指示由台北老古文化公司出版，并要刘雨虹学长接洽北京宗教文化出版社，同时推出简体本。

为了出版的事，那段时间我常到香港坚尼地道 36B 四楼去见老师，发现老师最热络与大家谈的，就是如何在中国西部造一条大运河的事。我粗略了解，原来北京有批水利专家正拟了一个庞大的西线运河计划，如果这个设计能实现，不但可以解决中国北方的缺水问题，而且中国西北部占全国近一半的干旱土地可以完全改观，如是等于“再造一个中国”。对这设想，南老师当然大有兴趣，所以那段时间几乎每晚吃饭时都谈论这件大事。据一位同学说，老师已拨了经费，资助那帮专家到新疆、西藏等地做实地勘察。

后来我有机会看到了相关的文字[⑧]，才对这个计划有较具体的了解，不禁为之赞叹不已。原来，现在大半个中国缺水问题越来越严重，如不想办法迅速改善，势必危及整个中华文明的前途。例如，1949 年全国有完全不能耕作的荒漠 16 亿亩，到了 20 世纪 90 年代扩展到 21 亿亩，加上半沙漠化的草场已达 68 亿亩，接近全国面积的 47%，而且还以每年 2000 万亩的速度扩展沙漠化下去。现在已是沙漠南侵、黄河断流，生态严重破坏，已构成对中华民族生存的威胁。中共建立政权后不久，即已意识到这个问题，于是有“南水北调”的设想。

但“南水北调”，有东、中、西三线方案。东线方案是利用原有的“京杭大运河”河道，逐级提调长江下游的水源，水量共 195 亿立方米，输送到北京天津。但近年运河沿线污染严重，要花很大成本才能整治清洁。中线是调动湖北汉江的水源 200 亿立方米，以开挖干渠方法调入北京，这要经过许多人口密集区，成本增加很多，而且汉江的水源也不丰富，必须再向长江中游的三峡水库引水，这样会发生许多问题。西线是自长江上游的通天河、大渡河等地调水 195 亿立方米注入黄河，但这样必须开凿长达 175 公里的隧道，工程艰巨，费用浩大。更严重的是，这三个方案都是靠长江注水，到了 2020 年长江本身也会缺水！

针对由长江调水的困难，1994 年一批水利专家提出了“大西线”方案，即从西藏的雅鲁藏布江调水入黄河，这样可以实注 2006 亿立方米的水量，相当于四条黄河之水！而且工程简单、工期短、费用低、效益大。此设计不但可使京津地区用水永远无缺，而且可以将黄河 4000 多公里的河道把水引入新疆、内蒙古等西部地区，改造荒漠，增加可耕地几近全国现有的三分之一多。至于在内河船运、生态等方面的效益更不可估量，等于“再造了一个中国”了。

由于当时我忙于农场事务，偶然才去探望南老师，再也不闻这件大事的进展了。老师也开始忙于太湖大学堂的建设，所以此方案的下文如何，连老师也难插手了。问题不在过不过问或此案如何进展，我在此提出这件事，只是强调：凡是对国家对民族有利之事，南老师都是尽心关怀、尽力帮助的。这也是他不断精进的具体表现。

博大高明

《礼记·学记》有云：“君子如欲化民成俗，其必由学乎！”综合以上各节所述，无论从哪个角度，都可以证明南老师真正是一位好学不倦的人，才有推广中华文化达到“化民成俗”的境界。

我在 1972 年初谒老师时，看到他的办公室墙上挂着一副对联：

上下五千年，纵横十万里。
经纶三大教，出入百家言。

如此大气魄的文词，有识之士看了都不免心头一震。今天回顾南老师百年德业，这副对联恰好就是他的博大高明学问之写照。

纵观古今所有的圣哲，都是从学问来的。具备如此博大学问的人，达到了什么境界呢？是儒家的“圣贤境界”也好，是佛家的“实相境界”也好，是道家的“神仙境界”也好，包括我在内的凡人，对这种境界也许只能“高山仰止，景行行止”，虽不能至，心向往之。但我们不必气馁，能如孔子所说的：

德之不修，学之不讲，闻义不能徙，不善不能改，是吾忧也！（《论语·述而》）

做一点算一点，就是南怀瑾的好学生了。

附载一

对分税制及有关问题的看法

——向南公怀瑾老师请益实录

劳政武 记录

最近，海内外报章盛传：中国大陆决定大幅改革财税制度，旨在实行中央和地方的分税制，加强中央的宏观调控能力，使国家税制逐步向国际惯例靠拢。

此事引起台湾地区工商界、财税学者专家的高度注意。若果实施，是福是祸，莫衷一是。但这将是一项重大改革；其影响深远之程度，较十二年前农村的“包产到户”犹有过之，则为众所公认的。

笔者忝为法政评论员，对此事自必关心。唯自知不是财政专家，正苦恼于不易究明透彻。日前忽奉南公怀瑾老师电召，嘱速来港商讨大陆税制改革问题。如此机缘大巧合，得向老师请益，庆幸何似！

怀师学通中西，洞察盛衰之理、了然成败之数，早已为世所景仰。在请益过程中，老师不时以古喻今、统摄东西、比较两岸，点出问题之要窍，而皆归旨于为中华民族长远发展着想。其境界之高远，足以开解茅塞；其用意之仁厚，足以化悟愚顽。笔者有幸，恭谨记录成文，或有助主事者参详也。

（以下发言，“问”为笔者，“答”为南公怀瑾老师。又为阅读方便，笔者在文内适当段落加标题。）

问：最近报纸大幅报道，大陆将作财税制度的重大变革。很多到大陆投资的台商很关注，而一些学者则有乐观的看法。不知老师对这事有何高见？

“好管闲事”的缘由

答：大约个把月前，有位台湾的年轻人，从大陆回台湾经香港，来到我这里，眉飞色舞地谈道，他在大陆对中共中央作了改进财税制度的建言，很受重视，云云。又说，中共中央决定接受他的建议，进行财税制度改革，今后要采取分税制。

我对这位年轻人的话，向来不敢轻信，他常是夸夸其谈的。但他说到分税制的事，却引起我一点注意来了。

问：对不起，恕我打断老师的话。今天像这位年轻人的，还真不少。去了大陆回来，就不断向人夸耀，说高层领导人对他如何地重视，其实未必可靠。人家或许只是对他客气，他便自称如何地被看重，未免可笑。据我在报上零零星星看到的消息，起决定作用的财税改革建议，据说来自李国鼎。以李国鼎在台湾财经界的地位和经验，其建议得到中共中央的高度重视，才是自然的。其他人或许不约而同作了建议，但并不是决定性的。我看这位年轻人未免有点“贪天功为己力”吧。

答：哈！我今天扮演这种角色，很微妙，很有趣。两岸都不时有人来，彼此相互挟对方以自重；大陆许多人动辄说自己与台湾的关系如何如何硬，台湾许多人常常夸耀自己在大陆的关系如何如何深。我看太多、听太多了！这种玩法，虽属人情之常，但非出自真诚，玩太多了不好，非两岸人民之福。精诚所至，“金石”才能“为开”，彼此出自真诚，才有逐渐化解疑忌促进团结的可能。

问：现在言归正传。这事后来又怎样了？

答：我对那人的看法既是这样，当时讲的什么分税制，只是引起我的一点注意罢了，也不想理会他。可是过了一两个星期，我从《文汇报》上看到，中央决定实施分税制，才联想起先前那位年轻人说的，直觉此事不是没有问题，由是心中有所不安。我想，自清末以来，中国就动乱不已。税制问题，是历代的大事，如果弄不好，会出大乱子的。我一想这些事，就觉得不安了。

所以，我直接打电话到北京找许老鸣真，想了解这件事，当时他不在。到晚上，他回电话了。我告诉他一些想法。通话之后，他很快就反映上去了，又给我回话说，上面的领导很在意，希望我写成书面材料由他拿上去。

我说，何必这样郑重其事呢？这件事本来与我无关，我也不是财税专家，对改革方案的内容并不了解，只是一时心感不安，心血来潮，好管闲事！但许老仍然坚持请我写个书面的。这次你来了，正好谈这个问题，就请你将谈的内容写下来吧，省我麻烦，又可向许老交代，也算两全其美了。

台湾可行，大陆未必

问：写下来没问题，我尽力效劳就是了。

现在我有个疑问，请老师指点。我从报上看到，大陆现在决定的财税制度改革，分税制是重点。所谓分税制，指的是中央和地方分成两个系统来课税，在“税种”方面也划分两个部分，一类是属于中央的，由中央税务机关征收，另一类是属于地方的，由地方税务机关征收。

这套税制在台湾行之有年，好像没有什么差错，为何老师担心搬到大陆会发生问题?

答：我方才讲过了，大陆要行的分税制的具体详细内容，我并不清楚，只是看了报纸上所登的简略报道，想起那个人自夸的话，才感到可能有问题，该慎重而已。为此我已请饶清政搜集有关资料，一并送给许老他们研究，希望他们研究清楚之后才去做。这种大事是不宜造次仓促而行的。

你说得没有错，分税制在台湾行之多年，似乎没出什么大问题。可是在台湾可行的制度，未必可以照搬到大陆去做的，因为彼此的环境并不尽同。

问：古人有言“他山之石，可以攻玉”。老师却说台湾可行的，在大陆未必可行，能否请您把这一点说得具体一些?

一段任显群的往事

答：我说一段自己亲见的往事给你听。三四十年前，有位著名的财经人物任显群，你知道吧？

问：他有许多有趣的传闻。他是陈诚当台湾省政府主席时的财政厅长，后来得罪了蒋经国，受了不少委屈。他也是著名京剧演员顾正秋的丈夫，台北县金山农场的场主，是这位先生吧？

答：就是他了。当年，大约是20世纪50年代吧，我每个星期六下午，都在杨管北的"奇岩精舍"说佛参禅。参加的人很多，有何应钦、顾祝同、蒋鼎文等达官贵人，相当热闹的。

有一天，任显群突然跑来了，满脸的焦急，要找杨管北帮忙。原来，任与杨管北关系密切，他二人同吴开先等在上海结拜兄弟，杨是老六，任是老七。任有什么大事，就跑来找杨六哥解决。杨是"立法委员"，在"立法院"是相当权威的。

任见我们在讲课，不好意思打扰，兀自坐在入口处等候。我见他惶急的表情，心想一定有大事找杨管北来了，就说："管老，老七在等你，你去吧。"杨抬头看到任，问有什么事。任进来，首先向何应钦、顾祝同等行了礼，就迫不及待向杨诉说："六哥，不得了，我要坐牢了！"大家不由大吃一惊，连忙问什么事。他说，这几天黑市美元飞涨，好多人在抢购，金融风潮闹起来就不得了。如被蒋介石知道，一定会赫然震怒，怪他没有搞好财政，坐牢是大有可能的。

当时台湾财政极为困难，公库没有钱，外汇更谈不上。任显群当然没有办法去抑平黑市美元的抢购风潮，这种情形我们都是知道的。杨管北听到这种情形，非帮忙不可，结果想出了一个"非常办法"，解决了问题。

原来，杨当时还有几条轮船来往于港台之间做生意，私人有相当财力，他决定拔刀相助。他要任显群回去向陈诚报告这个"非常办法"，并请陈诚先向蒋介石报备，以免将来怪罪下来。任照做了。杨于是自己出钱，从香港运来大量美元，然后由任找一班学生，假扮成炒卖美元的人，散到台北黑市场所，平价出卖美元；并故意透露有人走私大批美元来台出卖，不怕缺货，等等。如此这般，不到三天，美元黑市价压平了，也没有人再抢购了。你说这位杨先生的办法妙不妙？不过也只有像他这样大气魄、够道义、有能力的人，才做得成。

再说，那班学生又是什么人呢？他们就读于专门训练财经人才的行政专科学校。就是1949年到台湾的学生，多为山东籍。任看到这批学生应该培养，就办一所行政专科学校，专门培养财经人才。这所学校就是今天中兴大学台北法商学院的前身。当时培养了不少人才，成为日后台湾财经界的栋梁。例如现任“行政院长”的徐立德，就是其中的一位。任显群当财政厅长，还真做了不少事，其他如统一发票制度，等等。

所以说，不能光从表面看，不能只从结果看，要从发展过程的深层去看。台湾的分税制度做得不错，这是“结果”，它是怎样做出来的？具备什么条件才做得来？这些都要研究清楚才行。

人才是事功的第一要素

问：老师的话，发人深省。大陆今天改革税制，人才也是个问题吧。

答：是的。自古以来，为政之道，人才是第一要素。

中国有句话“天网恢恢，疏而不漏”，这句话源出道家思想，指的是天道，后来却拿来讲法律了，姑且不管它。一切关键，最终归本于人。所以我认为，现在如果要搞分税制，是否已训练了足够能执行这个制度的人才？这才是重要的。

要注意！我这里说的“人才”，不只是指具有财税专业知识的人，而是着重在具有良好品德的税务人才。如果由不够格的人去推行一种新的制度，纵使创制立法的原意尽善尽美，但其结果恐怕适得其反了。所以我主张，要先研究清楚才建立新制，要先培训出够品格的专业人才，才可推行新制。

问：人才不是一夜之间可以造就的，不适任的人更不是短期可以汰除干净的，这么复杂的事只有慢慢来了。

税制弄不好的历史教训

答：你是研究中国古代法律的，应该知道“深文周纳”“横征暴敛”这两句话的意思的。

问：“深文周纳”出自史书对西汉酷吏张汤等人的描述，就是以深刻周密的官方文书，罗织人罪名的意思。“横征暴敛”便是胡乱收税，搞得民不聊生。但不知老师提这两句话是何意?

答：中国历代政府，自古以来，治国莅民就是两件大事，一是刑名，二是钱粮。刑名是治安问题，钱粮就是税收问题。历代政府对这两件事，都没有管得好，倒不是皇帝不想做好，而是委诸胥吏之手，搞得弊端百出。弊端太严重了，就有“官逼民反”的事发生。如果再遇上天灾，大规模的动乱就出现了，改朝换代的结果就发生了。

所以我说，一切关键在人。搞分税制，有没有合格的执行人才，才是问题。若众人原来没有纳税的观念，忽然要纳这个税那个税，雷厉风行，到头来，恐怕政府未必得益，倒成了税务员扰民的好机会，那就糟了。

还有呢，这个分税制一分下来，对富的地方，如上海、广东等，其结果如何？对其他内陆穷的地方又如何？更是不能不慎重评估的。如果造成富者愈富，贫者愈贫，那就更糟了。大陆改革开放十多年，已隐然有地方分化的现象，如果分税的结果造成地方更大的疏离，那就对民族前途更不利了。

我那天打电话给许老，就提到了要预防“诸侯割据”的事。我说到汉高祖拟分封诸侯，幸被张良劝阻那段故事，许老说他正看那段历史呢。他听我这么一说，大概感到此事关系重大，才立刻向上面反映了。

要建立中国自己的法制

问：有个问题，老师似乎应该再阐明一下。您以上的讲法，是否会使别人误会忽视法制的重要性?

答：我怎会忽视法制呢？无规矩不能成方圆，无法制不能维持社会。自古以来，人类社会必须有法制。尤其中国处在今天的情况，正是新旧交替的大转折点，当然应该建立完整的法制，才能适应未来的发展需要。

我是赞成“建设中国特色社会主义”这一提法的。我也一再强调过，希望中国今后以此四项指标作好建设规范：第一，共产主义的理想；第二，社会主义的福利；第三，资本主义先进的管理；第四，中华文化的精神。其中，第一和第四未必与法制有直接的关联，但第二和第三则是非靠法制不能实现。所以现在的问题是，中国应有自己的法制，也就是想办法建立“有中国特色的社会主义法制”，要不然，口号光喊“建设中国特色社会主义”，实际上却是不恰当地移植一些外国的法制，也不管风俗民情合不合，也不管气候土质适不适，这叫作“生搬硬套”，也是“言行相违”，对中国有何益？

在电话中，许老告诉我，分税制是经过五年的研究才定案的，而且目前只准备在一两个地方试试。他们对我很感谢，云云。我说，我只是爱管闲事罢了，没有什么好感谢的。如果他们已研究清楚，只找一两个省试试，我就比较放心了。不过我还是希望他们再慎重一点，至少等我把搜集的资料送去仔细研判，同时训练一批有品格的人才，再去试吧。他听我这么说，后来要我写篇东西送去，现在就是跟你谈这番话了。事情经过就这么简单。

问：老师您不经意地又点出了一个极重要的问题，睿智令人叹服。是的，既然要“建设中国特色社会主义”，当然法制要与之配合了。由老师这一启示，我又想起一段心愿。不妨顺便说说，也许可作老师的话的一个注脚。

唐代长孙无忌撰的《大唐律疏》有“法星著于玄象，习坎彰于《易经》。不立制度，未之前闻”之语，即如老师所说，自古以来，人类社会没有不立法制的，即使《易经》也有习坎之卦以显示法律制度。这一点没有疑问。问题是，中国究竟需要立怎样的法制，才是对的？才是有利于民族长远发展的？许多法学俊彦都未能有一个较明确的答案。

如何建立中国自己的法制?

世界上本有五大“法系”：一是源于罗马的“欧陆法系”，二是源于英国盎格鲁-撒克逊文化的“海洋法系”，就是现在英国、美国通行的法制。三是中东伊斯兰教文化自成的“伊斯兰法系”。四是印度文化自成的“印度法系”。五是自战国李悝开其先河、至汉代已相当完备、到唐代灿然大备，一直沿用到清末的“中华法系”。从历史比较，中华法系比任何法系起源得早，完整得早，可是到了今天，中华法系没有了。清末甲午战争失败，朝野认为光靠船坚炮利不足以抵抗外侮，必须从根本的法制变革做起，所以清政府派五大臣出洋，到日本等地考察法制，回来后草拟了各种法律，这些法律草案是抄德国和日本的，德日的法律正是“欧陆法系”。接着，中华民国成立，逐渐公布了各种法律，其蓝本就是五大臣考察得来的草案，如基本的民法刑法都是属于欧陆法系的，与中华传统的法系少有关连。

我在大学法律系学的主要就是欧陆法，兼有一点英美法（海洋法）。到了研究所，我对中国古代法律好奇起来，所以专研中国古代法。后在报纸上写《古今法律谈》，就是有两方面的根底之故。写这些文章的时候，我就时时在想，这套抄袭外国的法律，问题颇多。例如，中华固有法律是提倡个人应向社会尽义务，叫作“义务本位”，而西方法律思想则是鼓励个人争取私利，叫作“权利本位”。又如中华固有法律是与道德一致的，西方法律却是与道德分离的。尤其，中国传统法制不鼓励人民打官司，孔子那段话就是最好的证明：“听讼，吾犹人也。必也使无讼乎！”（翻成白话是说：审判案件，我是同别人差不多的，也能胜任。但最好的就是不要打官司）。反之，西方法制却鼓励人们去争权夺利打官司，近年社会上有一句流行的广告：“别让你的权利睡着了！”就是鼓励大家去打官司。凡此诸端，不胜列举，东西方的法制精神差异如此之大，我们应该怎样取舍呢？这也牵涉老师方才说的，外国法律拿到中国合不合水土的问题了。

中国人的脑筋停留在中华法系的规范观念里，但现实的法律却并不如此，这叫作“法律不洽乎人心”，就是水土不服，所以中国的法治建立起来很难。

孙中山先生领导辛亥革命推翻几千年帝制，建立民主共和国，中国人都说这是他最伟大的贡献。我看这贡献只是有形的，他还有个无形贡献，似乎很少人注意到。从他大量著作中可以发现，他是希望把中国固有的优良传统与现代西方文明结合起来。可惜他的计划未实现。今天，中共中央提出“建设中国特色社会主义”，依我个人之见，与孙中山先生设想的没有本质的差别。但如何“建设中国特色社会主义”呢，在法制上不盲目向别人靠拢；中国固有的东西，只要是优良的就该维持下来；外国对的合用的法律，当然也要采用。这样撷各方之所长为己所用，假以时日，就会出现一种崭新的法制了。

周公吸收历代各地之所长而制礼，开创了3000年的礼治传统，影响到今天。唐代继承汉代传统并吸收少数民族、佛教等文化，开创了一代盛世。清朝有了空前广袤的中华版图。这些对我民族有长久的影响，值得深思。诚如邓小平南方谈话所说的“还是要靠法制，搞法律靠得住些”，如能趁此机会，造出一套崭新的法制，那么对历史的贡献就不只是一代的事了。

同样，老师您之所以获得海内外越来越多有识之士的敬仰，尤其获得佛教界以外知识分子的广泛推崇，我看根本原因亦不外乎此。您几十年来，不做官，不求名利，以方外人身份，做入世之事。所谓“入世之事”虽然包罗万象，但最根本的一项，就是您希望把中国和西方的文化精华熔于一炉，希望造就一个文化上的新境界，使中华民族有更精湛的灵魂，永远适存于世界。这种做法，当然又不拘限在法制范畴之内了，当然令无数才俊之士如随风之偃草了。

趁此机会略抒浅见，如有不妥，还望老师指教。

法随时转，治与世宜

答：你在法制方面学有专精，讲得很好，没有什么不妥当的。希望你在这方面继续努力，相信有机会为民族贡献所长。既然谈了这么多法制问题，我引用《韩非子》两句话作为结束，也算对大陆实行分税制的建言吧：“法与时转则治，治与世宜则有功。”

过去大陆所行的由政府包办一切的公有制，产自战争时代。今天面临的是改革开放经济建设的时代，法令规章当然要随时代的改变而改变。但到底怎样“变”呢？这又归返于法制内容是不是“世宜”了。“世宜”就是符合中国的风土人情与发展的客观需要。由此着眼，求新求变，自有功德了。

今天，我们就谈到这里为止。

1993 年 11 月 7 日下午

完稿于香港南师寓所

附载二

与蔡诚会谈纪录

1995 年 2 月 24 日下午 4 时，司法部原部长蔡诚先生率柳谷书律师（中国法律服务［香港］有限公司董事长）等 2 人，莅临香港坚尼地道 36B 四楼，访候南怀瑾先生；门生饶清政、劳政武两人随侍陪客。

双方具体谈了如何促进大陆、台湾及港澳法学交流的有关问题。历时一小时又十分钟，宾主愉快，结果圆满。

会谈全程曾录音。本文是劳政武根据录音所作的纪要（现略有文字改动），以备日后参考之用。

蔡部长：久仰南先生的大名。年前，您有意促进中国大陆、台湾及港澳法学交流合作的想法，经饶清政先生来北京告知。我同有关方面的人谈了，大家十分赞成，都认为符合时代需要。随后我向上头请示，也获同意，所以筹备成立“中国海峡两岸法学交流促进会”。现在筹设工作已经完成，全案正在国务院民政部，不日就可以核准下来了。在人事方面，理事长由我担任；将由包括在座的柳律师、华东政法学院一位教授，以及一位最近在中南海向中央领导人讲法律课的年轻教授等，出任副理事长；秘书长及副秘书长的人选也物色妥当了。除上报告之外，我今天拜候南先生，有三点问题请教：

(1) 这个案子已上到民政部，他们没有意见。唯一是经费来源要得到证明，便很快批下来了。饶先生曾表示，经费方面南先生的基金会能帮助，这件事要商量一下。

(2) 台湾及港澳方面的“对口组织”怎样建立，我想了解清楚，今后好密切配合合作。

(3) 机构成立之后，具体的工作有哪些，如何展开？如何加速交流？这些也想了解一下。

南先生：谢谢你专程莅临，你的意思我清楚了。

你们或许不知，我不过是个方外人，几十年来不涉及任何政治或其他实际事务。我从美国来港居住七年了，态度一向也是如此。但海峡两岸和海外各方面的人常来看我，问我一些意见。我只是本着一股热诚，给人一些意见或实质帮助，也可以说“爱管闲事”吧。例如不久前，北京前农业部长何康先生来过，同我谈到农业问题，我就表达了一些看法。又如北大校长吴树青先生上个月去台北访问路过此地，也同我谈了一些教育问题。诸如此类，经过太多，一时讲不完。说好听点，是我关心民族前途，说难听点，爱管闲事罢了。

我不是法学家，法律我完全外行。但常有些法学界的人来我这里，在座的劳政武先生就是法学界出身的法制史专家。我常同他们提起，中国大陆要长治久安，非建立一套完整的法制不可。相信你比我更清楚，现在世界通行的法制，一是英美的海洋法，一是欧陆法，还有中东的伊斯兰教法系。台湾地区用的“六法”就是以欧陆法为主，香港地区实施的是海洋法。中国过去几千年原来有一套以儒家思想为根本的法律，从战国的李悝造法“六经”，一直经过秦、汉、唐、宋、元、明、清都是用这套自己的法制。到民国成立，把清朝以前的法制全部舍弃了，才改用欧陆法……到现在为止，海峡两岸前前后后，共有六七部“宪法”，似乎都不尽完善。今天中国大陆主张“建立中国特色社会主义”，什么是中国特色社会主义呢？不能是个口号，具体表现当然在法制上。苏联那套不能用了，既不能全学英美法，也不能全学欧陆法，又不能恢复清朝以前的中国法制，那么该怎么办呢？如何把古今中外法制的优点融合起来，铸成一套符合中国未来千秋万世生存发展需要的法制，应该是时代的使命，是法学界努力的终极目标。

有一次，上海一位法学界的教授来看我，我把以上的意见跟他说了，并说如果法学界与政界的人合起来努力，成果一定很大。他表示很好，愿意回去努力。我很高兴，也拨了10万元人民币给他做经费，结果到现在一点消息也没有。你看我不是多管闲事么？不过，汪道涵先生知道我的想法，他也很同意，应该快快建立一套有中国特色、合乎现代需要的法制。

我既是方外人，自己当然没有钱。这些年来，我对大陆许多地方资助，如建金温铁路、温州发展农业基金、医药基金，帮助哈工大，以及对北大、清华、复旦等大学发奖学金和老师奖助金，等等，钱是向学生化缘来的。但我化缘，总要有一个道理才是。例如，大陆一所大学，我资助了10万美元，另一所大学资助了50万元人民币，结果连报账的形式也不会，叫我怎样向出钱的学生交代？所以谈到经费，我希望有个详细的预算，将来开支也要有符合国际标准的账目形式，这样我才能向学生们化缘。此其一。

这件事本来是我“吹”起来的。劳、饶，还有一位台湾华航的陈先生，一位香港的陈律师，他们热心奔走，并希望办个律师培训班。这种培训班，据知中国人民大学与香港树仁书院已经合作办起来了。当然，这件事也可以做，但只是附带的，不是主要目标。我是希望他们真的研究法制，结合海峡两岸暨香港的专家学者，把中国特色的法制建立起来。你看，现在大陆的审判，连制服都没有，在电视上播出，让外国人看了不规范。诸如此类的问题都要改进，你们成立协会，今后工作可多了。此其二。

所以，我好管闲事，第一步只是搭把手，帮你们一下，以后要向学生们及各界化缘才成。这件事，你最好同汪道涵先生商量一下，因为涉及海峡两岸的事，现在都是他在管。你们要联手才好办。

蔡部长：我们这个协会的案子，已经得到高层领导同意了。协会成立以后，将以超然地位专做法学交流的事。

南先生：法制是工具，像工匠要有规矩方圆一样，治国没有法制怎么行？应该把古今中外的各种法制融合起来才好。你曾任司法部长，应该比我更内行。现在退休了，以这个目标为己任，“但开风气不为师”，对中华民族的贡献就太大了。你以超然的立场，把世界华人的力量集合起来，做这件事功德无量，贡献一定比海协会还大。海协会的工作，不过是现阶段的政治环境所需罢了。

蔡部长：我们成立这个协会的目的，只是想加强与台湾法学界的交流。

南先生：这个工作也很重要。不过还是附带的事，不是主要目的。我在台湾有很多故旧和学生，也有老古文化事业公司等机构。协会成立后，可以邀请你到台湾去考察，同当地的法学界多接触。以你曾任司法部长的声望，一定很有成果。

饶清政这几位年轻人，听说前不久给你写了信，希望你正式答复下才好办。

蔡部长：饶先生只拿来“港、澳、台中国法学研究会”的章程等文件，并没有信。

南先生：没有信？这件事我不清楚，年轻人怎么这样办事？（指饶、劳说）你们要立刻给部长去一函，请他正式答复了，你们才能按计划做起来(饶、劳两人点头称是)。部长，你提到的经费，希望编一份预算。

蔡部长：预算带来了。不包括日常开支，开办费需要50万元人民币。

南先生：开办费先解决。日常开支以后再说。你当理事长，应该有部车子吧，现在有没有车子？（蔡部长答现在坐的是部里的车子）车子问题，再想办法募来吧。

我性子急。你人在北京，不好联系。希望你们快一点创立好，再请你去台湾走一趟。

我最后要郑重声明：我搭手这件事，完全是帮你们，自己不相干，我更不想做什么。我只是个好管闲事之徒而已。你们成功了，就不关我的事了。

蔡部长：这个我们了解。柳董事长将来是协会的副理事长，他代表司法部驻香港的一个窗口，有事可以通过他联络。

柳先生：我们在香港的公司对于这个协会的经费，也可以出力。将来在内地也能募到日常开支。这点请南先生放心。

南先生：那么很好。（指饶和劳说）你们今后要同柳先生多联络，发公函给蔡部长，就交到柳先生那边去。

（余下约有10分钟时间，南先生问柳先生在香港的业务等情况，从略。）

劳政武 撰

1995年3月1日

附注

① 此问题可参见《论语·先进》："季路问事鬼。子曰：'未能事人，焉能事鬼？'曰：'敢问死'。曰：'未知生，焉知死？'"

② 金丹理论和方法，见《抱朴子·内篇》。此书详见第七章"道书的辨别"节。

③ 见《性宗性命圭旨》元集"大道说"，第20页，台北武陵出版社2000年版。

④《乐育堂语录》第286页，台北三民书局2012年版。

⑤ 同上，第557页。

⑥ 参见傅凤英译的《性命圭旨》第142页，台北三民书局2011年版。

⑦ 佛教天台宗开展"一念无明法性心"义理，可以说是佛教最深奥的内容了，上根之人也要经过长久的研究方可望了解其底蕴。入门者可参见牟宗三著《佛性与般若》（下册）第983页以下，台湾学生书局1993年版。

⑧ 登于北京《今日中国论坛》1998年第6期，题为《再造一个中国——溯天运河简介及其意义浅析》一文。

第四章
买票不入场

“买票不入场”是什么意思呢？首先是把政治看作一场戏，“买票”就是对戏采取赞助的态度。“不入场”有两种解释：一是不参加戏台上的演出，一是连观众也不做。老师的态度是哪一种？细加研究，就牵涉中华传统文化的深层思想了，甚至佛教的深奥义理了。

对于政治，南老师坚守“方外人”的分寸，采取“买票不入场”的态度。这种态度，他有时也用另一种说法：“我只在政治的边缘擦身而过。”纵观他毕生的修为，这种分寸是坚守到底的。

“买票不入场”是什么意思呢？首先是把政治看作一场戏，“买票”就是对戏采取赞助的态度。“不入场”有两种解释：一是不参加戏台上的演出，一是连观众也不做。老师的态度是哪一种？细加研究，就牵涉中华传统文化的深层思想了，甚至佛教的深奥义理了。本章就是试从这种深层义理作一探讨，再依这些义理来观照南老师的实际行为，诚如是，方有助于我们对这位“人师”的了解。

高士的历史

“高士”或称为“隐逸”，是中华传统文化中特有的族群，在西方文化中似乎没有这种特殊的人群。古印度虽有“梵志”族群，那是婆罗门教的出家修行者①，与中国古代的高士性质并不相同。

上古的中国，就有这类“高士”或“隐逸”存在。如尧要把天下让给许由，许不但不接受，还到颍川去洗耳朵，因为他觉得让位的声音把耳朵污染了。尧的后继者大舜也一样，年老时要把天下让给子州友伯，子州却以“有幽忧之病，未暇治天下”的理由而推却了。到了夏朝末期，又有卞随、务光两位高人，商汤王请他们辅助讨伐不仁的夏桀，这两位高人不但拒绝，而且认为这是不仁不义的事，等于污辱他们的人格，竟分别投河自杀了。

到了商纣末期，有诸侯孤竹君之子伯夷、叔齐兄弟，更是信史有据的高士。周武王伐纣时，聘请他们参与革命大业，兄弟二人却认为，纣王昏乱固然不对，但周武王起兵讨伐却是“以暴易暴”，也是不对，所以不肯应武王之邀，而逃到首阳山去隐居，以保持其清高的节操。周武王统一天下后，他们誓不食周粟，宁可饿死在首阳山。

以上传说，记载在《庄子》的“杂篇·让王”。而伯夷、叔齐的事迹，连孔子也多次赞扬他二人[②]；尤其司马迁的《史记》还有“伯夷列传”。由是可以推知，上古的许由、卞随、务光等高士，虽然是“文献不足征”，但也非空穴来风；而记载伯夷、叔齐的均为信史，是可靠的文献，应该是真有其人其事的。

秦汉以后，记载“隐逸”的文献更多了。《汉书》中虽有一些隐逸高人的传记，还只是零碎的记载。到了《后汉书》便有“逸民列传”的专篇了，此后直到《明史》，历代正史大多沿袭下来，专篇名称为“隐逸”。总而言之，历代正史的记载，也就印证了中华文化对“隐逸彰”族群的重视，亦即显了这个族群的重要性。

最值得注意的是《高士传》。这部三国时的专书收集了自唐尧到东汉末年的高士 91 位之多，对每位高士都记录了他的言行思想。虽然有些事迹只是传说未必真实，但从其内容就可概括出“高士族群”的共同特质，当然也看到个人的性格，故可以说在这方面是最有价值的史料。此书是皇甫谧（字士安，号玄晏，215—282）所作。他生于东汉献帝二十年，这是赤壁大战后刘备进军入四川之时，天下已分为三国。他殁于西晋武帝太康三年（282 年），三国已被晋朝统一，可见皇甫谧一生是在极端动乱的时代度过的。但不管环境如何变幻，他依然潜心研究学问，不但博览儒家经典，而且对医学有精深的研究，其针灸著作迄今仍是针灸医学开创性的经典。晚年晋武帝多次征聘，他坚辞不就，最后留下《高士传》《年历》《玄晏春秋》《黄帝三部针灸甲乙经》等多部著作。尤其《高士传》，应是儒、释、道三教同类著作的首创，给后世道教的《神仙传》和《列仙传》、佛教的《高僧传》有启示性的影响[3]。

高士的品格

史书记载的“隐逸”或“高士”，大多喜爱大自然，不愿受习俗礼法的拘束，甚至视地位为桎梏、功名富贵为赘疣，这些特色固有道家的情调，但纵观他们的志节、所追求的理想，乃至在日常生活上所表现的精神，毋宁说是儒家性质居多。若反过来观察儒家经典，对这类人物多持肯定态度，更可证实这群人的品格属于儒家推崇的道德标准。

例如《论语》对伯夷、叔齐等高士，有如下的论赞：

> 子曰：伯夷、叔齐不念旧恶，怨是用希。（《公冶长》）

这段话是说，伯夷、叔齐的人品极为清高端正，绝不与恶人为伍，但若此恶人改过了，立即予以原谅，不再计较，所以埋怨他们的人很少。

> （子贡）入，曰：“伯夷、叔齐何人也？”（孔子）曰：“古之贤人也。”（子贡）曰：“怨乎？”（孔子）曰：“求仁而得仁，又何怨！”（《述而》）

这是子贡问孔子，伯夷、叔齐身为孤竹君之子，行为如此端庄清正，最后却在首阳山饿死了。如此不幸的遭遇，他二人心中有怨恨吗？孔子说，他们追求的是道德上最高的境界（仁），结果达到了这种境界，心中安然，自无怨恨。

逸民：伯夷、叔齐、虞仲、夷逸、朱张、柳下惠、少连。子曰："不降其志，不辱其身，伯夷、叔齐与！"谓："柳下惠、少连，降志辱身矣。言中伦，行中虑，其斯而已矣！"谓："虞仲、夷逸，隐居放言。身中清，废中权。我则异于是，无可无不可。"（《微子》）

这段是论述古代七位逸民中的六位的等级，然后孔子自己和他们比较有什么差别。孔子认为，在六人之中，伯夷、叔齐能坚持最高尚的志节，从不玷污其人格，所以是品格最高的逸士。柳下惠、少连则属中等，因为他们曾降低其志节有辱人格，不过他们的言行仍是合道德义理的。至于虞仲和夷逸，因为他们逃离社会、独身隐居在荒野，仍属洁身清白，权衡世道而隐身也算适当的。至于孔子呢，他认为自己与这六位逸士都不同，他是因时制宜"可进可退，可久可止"，该怎样做便怎样做的。孔子的品格就不是与逸士相同，正如孟子所说"圣之时者"。

兴灭国，继绝世，举逸民，天下之民归心焉。（《尧曰》）

《论语》的最后一篇《尧曰》有全书结论性质——历引古圣（尧、舜、禹、汤、文、武、周公）的重要施政原则。在周朝，采取"兴灭国、继绝世"——对夏、商这些已灭绝朝代的后代加以封爵，礼遇重用隐逸在野的有才德的贤者，这样就产生"四海民心归向"的重大作用。这句"举逸民，天下之民归心焉"是后世有关隐逸史书常引用的话。

到了孟子，对伯夷等高士的论述更多了，例如：

故将大有为之君，必有所不召之臣，欲有谋焉，则就之。其尊德乐道，不如是，不足有为也。（《公孙丑下》）

孟子说，任何有大作为的君王，必然是崇敬有道德、高品格的逸民高士的，君王如有事想请教他则应亲自前往拜访，不可以召唤他前来。如果不能做到这般尊重有德之士，君王就不可能有大作为了。

孟子这段话很重要，历代君王之所以讲究“礼贤下士”，应该是受这段话的启发。

> 孟子曰：伯夷，圣之清者也。伊尹，圣之任者也。柳下惠，圣之和者也。孔子，圣之时者也。孔子之谓集大成。(《万章下》)

孟子在此把两位高士（伯夷、柳下惠）与政治上的圣人（伊尹）及文化上的圣人（孔子）相比较，认为他们都是圣人，但各自特长有所不同。至于说他们的特长（清者、任者、和者、集大成者）的根据何在？欲知其详可参考《孟子·万章下》的原文，于此不赘。

> 孟子曰：圣人，百世之师也，伯夷、柳下惠是也。故闻伯夷之风者，顽夫廉、懦夫有立志。闻柳下惠之风者，薄夫敦，鄙夫宽。奋乎百世之上。百世之下，闻者莫不兴起也。非圣人而能若是乎？(《尽心下》)

孟子在这段话里，把伯夷、柳下惠看作是可以影响百世清正的圣哲，是后世的老师。因为伯夷的精神，会令顽劣的人变得廉洁，使懦弱的人学会刚强有志气。柳下惠的融和精神，会使刻薄的人变得敦厚，卑鄙的人学会胸怀宽广。

在《礼记·儒行》中，有段文字更清楚地概括出一位高士的具体风格：

> 儒有上不臣天子，下不事诸侯；慎静而尚宽，强毅以与人，博学以知服；近文章，砥砺廉隅；虽分国，如锱铢；不臣不仕。其规为有如此者。

这段话的意思是：一位儒者的风格是上不做天子的臣子，下不当诸侯的官吏；心神谨慎宁静而开朗，个性刚强坚韧但不拒人于千里，学问广博而晓得如何实践，喜好文章而能磨砺气节；即使有人把国家政权分给他，在他心目中不过芝麻一般的琐碎事，因为他绝不肯做别人的臣子，也不求做官。儒者的行为规范是很高尚的。

综合上引《论语》《孟子》《礼记》的论述，我们便可对“高士”的特色、风格、社会地位和被崇敬的理由等，均有完整的理解了。汉朝以后的有关史书，对“高士”或“隐逸”的论述与评判，都不出儒家这三种经典的范畴。兹略引有关记载如下。

首列专篇“逸民列传”的《后汉书》，在分列个人事迹之前，有一篇叙文云：

> 易称：遯之时义大矣哉！又曰：不事王侯，高尚其事。是以尧称则天，而不屈颍阳之高；武尽美矣，终全孤竹君之絜。自兹以降，风流弥繁；长往之轨未殊，而感致之数匪一；或隐居以求其志，或回避以全其道，或静己以镇其躁，或去危以图其安，或垢俗以动其概，或疵物以激其清；然观其甘心畎亩之中、憔悴江海之上，岂必亲鱼鸟、乐林草哉？亦云性分所至而已。故蒙耻之宾，屡黜不去其国；蹈海之节，千乘莫移其情。适使矫易去就，则不能相为矣！彼虽硁硁有类沽名者，然而蝉蜕嚣埃之中，自致寰区之外，异夫饰智巧以逐浮利者乎！荀卿有言曰：“志意修则骄富贵，道义重则轻王公”。④

此段文长，为省篇幅，故不再逐句语译，只是指出其中三个重点：

把高士之行上引到《易经》来解释，就是有玄学的依据，《后汉书》可说是首开其端，嗣后有关文献常常仿此。此其一。

《易经》牵涉的爻辞有三卦，即：蛊卦上九：“不事王侯，高尚其事”，这是说高士的品格。贲卦六五：“贲于丘园，束帛戋戋”，这是说高士逸隐在山林，穿着简陋的衣裳，过着简朴的生活。遯卦则有较详的论述，彖辞：“遯之时义大矣哉”！象辞：“天下有山，遯，君子以远小人，不恶而严”。

爻词九四："好遯，君子吉，小人否。"九五："嘉遯贞吉"。由此可知，《后汉书》以此段文字作为开头，即是引遯卦及蛊卦的爻辞而立论的。此其二。

隐逸的高士为何能做到"粪土富贵，敝屣王侯"呢？此文说出两个原因：一为"性分所至而已"，有些人的个性本来就喜好这样的。二为正如荀子所说的："志意修则骄富贵，道义重则轻王公"⑤，一个人有远大抱负、宏伟志向，就不在意世俗的富贵了；一个人追求道义境界，就会瞧不起官场的位子。此其三。

凡事有利自有弊。隐逸之士既为众望所归、朝廷所重，必然产生冒滥之徒，假借隐逸以博清誉、以邀名位。尤其唐代，社会升平，佛、道二教兴盛，与传统儒家的高士相融会，各派隐逸之士众多，致多有"终南为仕途捷径"丧失高行的例子发生。

《旧唐书》列传的"隐逸"篇序文便将隐者分为三等：第一等是有真实高洁品德的，他虽藏身在民间草野，但终会实至名归，获得君王的崇敬礼聘。第二等谈不上有高尚的德操，只是难以适应俗世生活，对名位能受能辞，由是使君王产生敬佩之情，还自觉对他礼敬得不够。第三等是根本没有品德才能，只是个性喜欢山林的宁静，故隐居丘园，不再踏入世俗社会，这样也会使人觉得他高风格，没有人敢于批评他了⑥。

士贵立志

上节我从中华文化的深层义理中去阐述隐逸高士的特色，现在回到南老师"买票不入场"之言的真实含义，也就是从我所知的老师实际用舍行藏去了解他的风格。

早在 1940 年，南老师曾任成都中央军校政治指导员，实际上是教军官团的武术，因此认识了很多政界朋友，他想投身政治是很容易的事，甚至在仕途上飞黄腾达也大有可能。但他的志趣全不在此，公余之暇只想到处访道。后来，在成都青城山灵岩寺结识了当时的禅宗大师袁焕仙，拜在袁大师门下，从此专心于禅法，摒弃其他旁门左道，努力创建“维摩精舍”，更无意于仕途了。1946 年，袁焕仙在南京成立“首都维摩精舍”，许多国民党政要，如陈诚、陈立夫等都来执礼，这显然就是一条“终南捷径”，但南老师根本就不走这条路，一心循着“骄富贵、轻王公”的境界迈进。

他虽乐处这高超的境界，但不是没有世俗的人生目标。1947 年，他写了一首《自题照影》以明己志：

> 不二门中有发僧，聪明绝顶是无能。
> 此身不上如来座，收拾河山亦要人。[⑦]

我初见此诗，立即被“收拾河山亦要人”句的大气魄所震慑。随着年龄的增长，研究佛学亦渐入深境，更觉得此诗含义深湛：

“不二门中有发僧”，老师自陈一生要行的正是居士禅路线，亦即“维摩路线”；因为《维摩经》有“入不二法门品”，故此句应是指此而言。佛教所谓“不二法门”涉及极深的理论，此问题留待第六章再详究，于此不赘。

第二句“聪明绝顶是无能”，则是体现出佛教的般若思想境界，这种深奥的境界很难表达，佛经上常用诡词（Paradox）来说明，例如《金刚经》上说的“如来说诸心，皆为非心，是名为心”“所言一切法者，即非一切法，是故名一切法”等语句都是诡词方式，这问题也涉及佛法甚深奥义，留待第六章再说。

我现在要说的是，南老师这句“此身不上如来座，收拾河山亦要人”的大悲愿。如与文天祥的千古名句“人生自古谁无死，留取丹心照汗青”的大悲壮来比较，不但表现了英豪全然不同的壮志，而且对我们人生意义矢向何方有深刻的教训意义[⑧]。

南老师写这首诗时只有 29 岁，就怀有岳飞的“收拾河山”壮志[⑨]。河山当然是出了问题才要“收拾”，岳飞要收拾的是被金兵侵入而破碎了的山河，南老师要收拾的却是被破坏了的中华文化；岳飞秉持的是“国家兴亡，匹夫有责”的气概，南师秉持的是“文化盛衰，儒士有责”的情怀，这种情怀正是中国自古以来的高士志业，也是佛家的淑世悲愿。相对于此而言，文天祥是达到了孔孟之道的最高境界——成仁取义，具体证明了人类确有一个“道德理性”实体，方克臻此。他抛弃了自己短暂的肉体生命而转换成中华民族永恒的灵魂，这就印证了“人虽有限，但可以做到无限”这句话的真实性。可见志向对人的重要性，有怎样的志向才有怎样的事业。中国南方民间常见“心想事成”春联，其义当指此而言。

“方外人”角色

南先生自 1988 年初从美国到中国香港定居，后来又转住上海和太湖湖畔，直到他 2012 年去世为止，在这长达 24 年的时间里，他对中华民族有许多贡献，归纳起来有三大类：

一是对国家实际投资，以支持邓小平先生的改革开放政策。投资的项目很多，首要的就是建设金温铁路。二是在政治上促进两岸和平，最大的贡献就是促进“九二共识”的达成。三是对弘扬中华文化的贡献，这方面包括推广儿童读经，他大量弘扬中华文化的著述在大陆广受欢迎等等，这是长期默默耕耘的贡献。本节只针对第二类贡献，就我所知者，对历史作一交代。

由南先生牵头，海峡两岸的“密使”多次聚在香港南氏寓所，达成了多项共识，这是新加坡“辜汪会谈”的先导，也是双方达成的“九二共识”的来源。

海峡两岸分离了几十年，现在却通过一个“方外人”的管道进行接触，那么这位南先生到底扮演什么角色？这是一个有趣的问题。

如果说南先生的角色是“媒介”“中间人”，那不但有损他的地位，更不会成什么事了。孔子有云：“名不正则言不顺，言不顺则事不成”，睿智如南老师当然不会扮演这种角色。

他一再跟我提起这个角色的问题，可能他认为我是研究中国古代法律的，应了解他的理念。他说："你知道吗，照我们中国人的传统礼法，如果两兄弟争吵得不可开交，只有请舅舅出面调解最适当；因为舅舅既是长辈血亲，又不涉及两兄弟本家的利害。国共两党本来相当于孙中山先生领导下的'兄弟'，'父亲'逝世后却吵了几十年，现在只好找出我这个'舅舅'来调解了！"这是我闻所未闻的论调，细细想来实有至理。这才是真正的中华传统文化精神！但包括我在内的一般人却忘了。

密谈经过

综合已公开的各种资料，以及我在香港时从南老师口中所闻，他促成两岸密谈的过程大要如下：

1988 年 2 月 5 日凌晨，南先生忽然接到北京专程来港的老朋友贾亦斌先生的电话。当时已 76 岁的贾先生，是全国政协常委、中国国民党革命委员会副主席。当晚，他同南先生在中环麦当劳道的临时寓所见面。相隔 40 年的老友重逢，兴奋不已，乃作彻夜长谈。贾先生此次专程来港的目的很明确，就是要请南先生出面，试为两岸和谈开辟出一条新道路。为何要找南先生？因为，南先生不但在台湾有众多弟子位居高位，更重要的是他可能同新当选的台湾当局领导人李登辉说得上话。贾、南二人见面之后，越谈越投机，两人谈了七次，直到南先生答应出面为两岸和谈牵线搭桥为止。3 月 5 日贾先生才回北京。

4 月 21 日，贾亦斌带了杨斯德来港拜访南先生。杨当时任中共中央对台工作办公室主任。杨在港停留一周，三人会谈许多次。会谈最大成果是：南老师明白了北京确有和谈诚意，并了解中共中央的政策是"坚持和平统一，但不放弃武力"。三人每次谈话都做现场录音，事后制作成三份，一份由杨带回北京报用，一份立即派人送给李登辉，一份留在老师处存底。录音带送到台北后，南老师还亲自打电话给苏志诚，要他面告李登辉，赶快派人来港商议，但一直没有下文。苏任职《台湾新生报》记者时曾到老师处听过，也算是南门学生，此时已成为李登辉的亲信，担任其办公室主任。两岸密谈自此停顿了一年多。

1989 年 12 月 2 日，苏志诚首次奉李登辉之命来港见南老师，目的是邀请老师回台湾一趟，以便面谈，共商大计。

南先生迟至 1990 年 9 月 8 日下午才回台湾，当晚即与李登辉面谈。翌日晚又会谈一次。南滔滔不绝地谈中华文化和应求中国统一的民族大义，李不断点头称是。据说南先生曾直言："我希望你不要做历史的罪人"！此时，李登辉不知如何应对，一脸尴尬地送别了南先生。这是南先生自 1985 年离台赴美直到 2012 年逝世于太湖，27 年间唯一的一次回台，一片丹心望两岸和好，但结果并不愉快。

1990 年 12 月 31 日，李登辉正式派苏志诚到香港，在南老师引荐下与北京来的贾亦斌、杨斯德见面。这是国共双方 50 年后首次正式接触，历史意义很大。翌日是元旦，他们又长谈了一次。谈话的全程都录了音，由双方带回去。这次会谈的主要内容是：苏志诚表明李登辉将在 5 月 1 日宣布终止"动员戡乱时期"，以表示两岸和平的诚意，并向对方解释了有关"国统会"及"国家统一纲领"的构想与职能。杨斯德则表示,中台办工作会议已确定以李先生为谈判对手，并解释中央之所以不放弃武力，不是针对台湾同胞，只是针对外国势力。他并建议，今后两岸没有了敌对状态，不要零碎地做工作，应该双方坐下来谈好政治及军事的基本方案，这样便可从根本上解决两岸今后的问题。对此提议，苏志诚当然不敢表态赞成与否。南先生怕成僵局，仍向双方建言献策："我编一个剧本，你们审查"，提出上、中、下三策来。

上策。成立一个"中国政经重整振兴委员会"，其精神指标是修改历来宪章，融合东西优良文化乃至新旧百家思想，修成"具有中华文化特色的社会主义宪法"。委员会的成员，国共两党及其他党派的人都可以派人参加。

这个委员会实质就是全体中国人的“国统会”。

中策。大陆划出一块地方，从浙江省温州到福建泉州、漳州到厦门为范域，而台湾则划出马祖岛到金门岛，合起来建一个“两岸经济特区”，吸收海外华侨、港澳台等地百年来的工商经济经验，大家有钱出钱、有力出力，做成一个“发达的新中国”之基地或样板。这个基地最重要的功能是经营南洋，控制东沙到南沙群岛的海域，确实建构成掌控南海的军事、经济力量。

下策。只是对两岸经贸、投资等通与不通的枝节问题商讨办法。例如双方如何交换能源、煤炭等生意问题。

南先生这种提法，其气魄比起诸葛亮的“隆中对”有过之而无不及！双方人员只有不断点头说是，没有办法明确表示可否。两岸未来如何走，只能是“摸着石头过河”，能够做到“下策”就不错了。这次历史性会谈就这样结束了。

1991 年 2 月 17 日，北京派贾亦斌、杨斯德和一位年轻人共三人来港，同台湾来的苏志诚、郑淑敏和尹衍梁见面，进行第二次会谈。郑女士时任某电视台董事长，尹先生则是大商人，二人都是同李登辉接近的。此次会谈没有什么成果，因为台湾方面准备三个月后就宣布“终止动员戡乱时期”，希望大陆有好的表示，如此可增加李登辉在台湾内部的“声望”。杨斯德对此不以为意，强调如何定位两岸的关系，将来要做到“三停止”（停止军事对峙，停止一切敌对行动，停止一切危害两岸关系和统一的言论和行动），才是重要的。这次会谈由郑淑敏记录，苏说将对方的意思回报。

1991 年 3 月 29 日，在香港坚尼地道新居进行第三次会谈。北京派出杨斯德和两位工作人员，贾亦斌没有来。台北方面仍是苏志诚和郑淑敏。因为双方谈判渐渐深入核心问题，大陆要求的不是单纯的“两岸和平协议”，而是“和平统一协议”；相反的，李登辉心中想要的只是“和平”，而不要“统一”；这也是“台独”一贯以来的立场，直到今天的蔡英文仍是这种动机。南先生一看气氛弄得很僵，就提出一个八字方案：“和平共存、协商统一”，希望双方有转圜余地，希望双方签字后带回上级批准就有“条约”效力，如果不批准也没有关系，因此变成一篇“文字性语言”而已。由于双方都拿不出具体方案，此次会谈无果而终。

6 月 16 日，双方展开第四次密谈。台湾来的人依然是苏志诚、郑淑敏。中台办领导人已换成王兆国，另派一位郑先生为代表来香港会面。苏多次要求中共考虑签“和平协定”，大陆代表则表示这次来的任务只是告知中台办领导班子已改变，并诚恳邀请苏志诚去北京同中央高层直接密谈。这次会面，也没有具体的成果。

11 月，尹衍梁带了许鸣真等人来港见面。许鸣真曾任陈赓大将的秘书、军事工程学院驻北京办事处主任等职，现已退休，此时出面，显然是大陆高层的安排。南、许二人一见如故，很快成了好朋友。从此，无论政治问题、金温铁路问题，乃至中华文化问题，无不经许鸣真的奔走协调。他这次与南老师见面后，迅即到上海联络汪道涵。后来，汪也成了南的好朋友。

同年 12 月 2 日，在南先生的安排下，许鸣真与苏志诚在南寓首次见面，自此在许鸣真密集协调下，两岸准备新一轮的密谈。

1992 年 6 月 16 日，双方进行第五次密谈。大陆派出汪道涵、杨斯德和许鸣真，台湾依然是苏志诚和郑淑敏，南先生安排他们住在香港中环希尔顿酒店，南先生对台湾方面未派分量与汪老相当的代表来会谈，感到很失望，但仍勉强主导了这次密会。在会谈中，双方对原则性的实质问题没有交集，不过接受了老师的建议，敲定了首次在新加坡举行“辜汪会谈”的日期等事宜。会谈时，苏志诚代表李登辉邀请许鸣真到台湾一行。不久之后，许鸣真到台湾见了李登辉，回到香港对老师大摇其头，说：“李登辉这个人令人十分失望!”会谈到最后，老师作结论，他拿出一封用毛笔写好的信，提出三条基本原则：

和平共济协商统一建议书

有关两岸未来发展问题，适逢汪道涵先生、杨斯德先生、许鸣真先生等与苏志诚先生等，先后在此相遇，广泛畅谈讨论。鄙人所提基本原则三条认为：双方即应迅速呈报最高领导批示认可，俾各委派代表详商实施办法。如蒙双方最高领导采纳，在近期内应请双方指定相应专人商谈以期具体。如未蒙批示认可，此议作罢。

基本原则三条：

一、和平共济，祥化宿怨；

二、同心合作，发展经济；

三、协商国家民族统一大业。

具建议人　南怀瑾敬书

一九九二年六月十五日于香港

正如南老师预料的，双方虽在口头上都赞成老师的建议，但最后都没有签字。老师之所以提出这建议书，是为了对历史有个交代。

老师促成的上述两岸的五次密谈，到此也结束了。大陆这时成立了“海峡两岸关系协会”（简称“海协会”），由汪道涵先生领导；台湾也相应地成立了“海峡交流基金会”（简称“海基会”），由辜振甫先生领导，双方于 1993 年 4 月 27 日至 29 日在新加坡进行了首次公开会谈，达成多项事务性协议。

由南怀瑾先生促成的双方历史性密谈，南先生虽然自己下断论：“是一场愚痴无智的诳语笑谈会”，其实这只是他的自谦话，如果没有这五次密谈，是否会有后来的汪辜正式会谈？如果没有汪辜的正式会谈达成“九二共识”，两岸能否维持和平到今天，故南先生的一片苦心，绝非白费力气。

高风亮节

无论从哪一个角度看，自 1988 年抵香港到 2012 年在太湖畔逝世为止，这 24 年间南先生所作所为，都是为了中华民族，希望中国真正复兴强盛，雪洗鸦片战争以来的民族耻辱。而且，他的一切贡献真正做到了无私无我的境界。中共中央当然了解这一切，故早在 1994 年 8 月间，中央主要领导人就通过许鸣真，诚恳邀请南老师到北京见面，并定居内地。老师写了一封信婉谢，又写了一首诗以明志：

徒负虚名去住难，谋身谋国两无安。

此生犹似巢空鸟，只合穿云望眼看。

依拙见解读，这首诗的文字虽显浅，内涵却甚深湛，更透露出南先生这位高士的真正格调。兹疏解如下：

第一句的“徒负虚名”是谦虚话，当时他早已名震中外，他的地位是“实至名归”，绝非像一般的“名人”只是一个虚名而已。一个人既然有了如此名位，凡事自不可孟浪处理了。至于“去住难”则是对中央好意邀请的婉谢，意味着对此行并非断然拒绝，而是郑重考虑了，去也不是，不去也不是，现在决定不去，只有恳请你们多谅解了。

第二句“谋身谋国两无安”，此言的含义可深了！如果他像古代的伯夷、叔齐，跑到山野不食人间烟火，根本就没有“谋身谋国”的问题。如果他像唐代一些隐士一样醉心于“终南捷径”，只是富润了其身，不可能有什么“谋国”的贡献。诚如上引东汉范滂所言：“隐不违亲，贞不绝俗”，南老师一生正是如此，既“谋身”——以求自力解决自己的生活，又“谋国”——凡有利于民族的事都尽心尽力去做。在谋身、谋国之上把握住仅“买票”而绝不“入场”的原则，这就保持了“天子不得臣、诸侯不得友”的高洁风格。

第三句“此生犹似巢空鸟”，这是佛家的“一切智”出来了！这只“鸟”不但飞翔在高高的天空，连所谓“巢”也是筑在空虚中的。这便是佛经所说的“以无住为本”，也就是《金刚经》所说“应无所住而生其心”。如此说来，南老师的境界是依据佛家的智慧而为的；比起中国历史上的高士更高明了，因为那些像伯夷、叔齐的人之所以隐逸，只是“性分如此”——其天性资质使然，并非基于高深的义理而刻意为之。

第四句“只合穿云望眼看”，这在文意上是上句的完整叙述，在义理上正是禅宗的境界，也就是回归到本章的主题：南老师对政治的基本态度就是

"买票不入场"。如何不入场？就是保持距离地"穿云望眼看"——站在无边的太虚上，透视云层，下望人寰处，不由感叹一声：

野草闲花满地愁，龙争虎斗几春秋？
举头吴越齐秦楚，转眼梁唐晋汉周。
概世尽从忙里老，何人肯向死前休？
贤愚千载知谁是？满眼蓬蒿共一丘。⑩

南老师就是如此境界。

附注

① 梵志，是婆罗门教的修行者，又称为"梵士"。古印度有关"梵志"，记载在《吠陀》《奥义书》《摩奴法典》等经典中。大致规定：人到了一定年龄（约 50 岁）须离家到森林中独自修行，方能体证到"梵我一如"（人的灵魂与梵天合一）。可参见拙著《佛教戒律学》第二章第四节"从《摩奴法典》看原始佛教戒律的渊源"。

② 《论语》言及伯夷、叔齐事迹和人格的，有《公冶长》《述而》和《微子》三篇。"求仁得仁""不降其志，不辱其身，伯夷、叔齐与！"是孔子对他们的赞誉。

③ 现存道教有《列仙传》和《神仙传》，前者应为六朝后人伪托西汉刘向（约前 77—前 6）所作，后者则为葛洪所作。佛家的《高僧传》有多本，第一本是梁朝慧皎（497—554）所作，成书于 519 年。

④ 见《后汉书·逸民列传》。文中的标点符号是作者所加。

⑤ 见《荀子·修身》。

⑥ 原文可参《旧唐书》卷一九六，列传一二一。

⑦ 这首诗载于《金粟轩纪年诗初集》第 15 页，台湾老古文化事业公司 1987 年版。后来，老师把这诗的第一句中"有发僧"改为"我亦僧"，并亲

自将书送给一些弟子。

⑧ 文天祥《过零丁洋》诗：

辛苦遭逢起一经，干戈寥落四周星。

山河破碎风飘絮，身世浮沉雨打萍。

惶恐滩头说惶恐，零丁洋里叹零丁。

人生自古谁无死，留取丹心照汗青。

⑨ 岳飞所作《满江红》词中有“待重头收拾旧山河”句。

⑩ 此诗见《廿五史弹词》卷一，台湾老古文化事业公司1978年影印版。南先生常喜引用此诗以教学生。

第五章

见义勇为

——南先生的儒家思想和行宜

南老师自幼年就读私塾，开始是熟习儒家典籍。到了青壮之年，才有机会深研佛教经典，但始终未专门沉浸在佛门的“三学”（戒、定、慧）之中，他为此甚感惭愧。他也曾把心思放在佛、道两教之中，望能探明人性和命运到底是怎么一回事，更望能进入不二法门中的“真如”境界，而悟得人生的真谛。

依我管见，南怀瑾先生一生的著述虽有 20 多种，但具有代表性的应只算三部：《禅海蠡测》《静坐修道与长生不老》和《论语别裁》。《禅海蠡测》成书于 1955 年，当时南先生穷居在基隆的陋巷，不顾一切困难而撰成此书，延续佛道二教之慧命。《静坐修道与长生不老》成书于 1973 年，内容是有关佛家和道家的修行方法，极有实用价值，连续印行了数十版，后来风行于全世界。但这两部著作只限在释道二教的读者中流行，其影响力远远比不上《论语别裁》。

为什么这么说呢？正如南老师时常比喻的，儒家好比粮店，人是一天都不能不吃饭的。很多非佛道门中的人，一旦接触到这部著作，立即产生了很大的兴趣，或多或少修正了原有的观念和为人处世行为，还有更多的社会大众因为这本书而重新认识了中华文化的优秀。

《论语别裁》功德无量！

本章以这本书为主要线索，来阐明南先生的儒家思想和行宜。

讲《论语》的缘起

南先生虽然兼摄儒、释、道三家学问，其终生的行宜也贯彻了这三家的精神，但他偏重的仍是儒家。

他早在 1962 年 9 月 28 日孔子圣诞所作的《孔子新语自序》，便有明白的阐述：

> 髫年入学，初读四书；壮岁穷经，终惭三学。虽游心于佛道，探性命之真如；犹输志于鸿儒，乐治平之实际。况干戈扰攘，河山之面目全非；世变频仍，文教之精神隳裂。默言遁晦，灭迹何难？众苦煎熬，离群非计。①

这篇文章老师亲笔用文言文写成，他的著述很少是这样的，为方便现在的年轻读者，试为疏解如下：

南老师自幼年就读私塾，开始是熟习儒家典籍。到了青壮之年，才有机会深研佛教经典，但始终未专门沉浸在佛门的“三学”（戒、定、慧）之中，他为此甚感惭愧。他也曾把心思放在佛、道两教之中，望能探明人性和命运到底是怎么一回事，更望能进入不二法门中的“真如”境界，而悟得人生的真谛。但他依然未放弃弘扬孔孟之道，因为他比较喜欢“治国平天下”的实际学问。如果他也学古代的隐士，逃避乱世而只求个人的恬静，是很容易做到的事。但眼见社会大众在痛苦中煎熬，又于心何忍？故他若离群索居，无论出家为僧或隐山林，都是不对的人生路线！

差不多在同时发表的一篇《孔学新语发凡》中，他把新文化运动以来一些人要“打倒孔家店”所造成的恶果，剖析得十分痛切。他坦言，“孔家店”在 40 年前的那个年代，是否应该打倒，实在很有问题。他个人所遇的种种危难，并不可怕，眼见我们历史传统的文化思想快要灭绝了，那才是值得震惊和悲哀的事；因为他认为“国家不怕亡，亡了国还有办法复国，如果文化亡了，则从此永不翻身”。试看古今中外历史，文化亡了的民族而能翻身的，史无前例。所以对于文化重建的工作，我们这一代的责任太重大了，绝不能让它在我们这一代的手中断送掉。②

任何一位仁人志士，必然怀着“天下兴亡，匹夫有责”的自发性责任感，遇有机缘，便做出具体的见义勇为行动。南先生就是在如此强烈的责任感驱使下，约自 1962 年开始，不顾个人一切困难，讲述《论语》，也就是自觉地负担起中华文化的存亡续绝的重任。

在那段期间，南先生有多大的困难呢？在开讲《论语》后两年的1964年，他写了一首题为《惭为人师》的诗，如此感叹：

四壁依空锥卓难，夔蚿鹏鷃总无安！
时流吾犹趋温饱，万壑风吹随例看。

第一句是描写他自己当时穷困得无立锥之地，租来的住屋几乎家徒四壁。第二句是以“夔、蚿、鹏、鷃”（独脚野牛、百足之虫、大鹏老鹰、雀鹌小鸟）来比喻各色人等在这个时代都处在不安的环境中。第三句是重点了，老师自道当时生活很艰难，虽志在复兴中华文化，但也不能不顾及温饱问题。第四句似指道家的意境，当时众生好比生长在原野山谷的草木，被阵阵疾风吹袭着，就看哪一棵是屹立不倒的劲松了。

就在如此困难的环境中，老师开讲《论语》。然而，开讲的初期，学生也没有几个。同年，他又有一首《戏言》诗，道尽那种凄凉状况：

金粟轩中佛法堂，油盐柴米意朦胧。
剧怜来往谈天客，不是衰翁即病翁。

老师把租来的住宅命名为“金粟轩”，既是课堂，还供着佛像，成了友人拜佛的场所。大家谈天的主题多属柴米油盐的生活问题，来此聚会的人不是老人便是病人，年轻学生自是罕见的了。这是何等凄凉的景象！

不过，自古圣贤皆寂寞，但只要坚持的目标是正确的，一定会走出一条大道来。南先生就像万壑风吹中的一棵劲松，忍受一波又一波风雨的侵袭，坚持弘扬孔孟之道的天职，几年之后渐渐受到各界的重视。这便是南先生代表作《论语别裁》的来源。③

成一家之言

“成一家之言”是司马迁的名言，用来描述南先生的《论语别裁》最恰当了。

司马迁是开创中国史学的第一人。他在身受腐刑的耻辱中写就《史记》，创造了从“本纪”到“列传”的史学体裁，共130篇，52.65万字，是中国史学的宝典，他本人也成了中华文化的圣哲。

若比较二人的著作特色，有同也有异。正如司马迁所说：

> 为《太史公书》……成一家之言，厥协六经异传，整齐百家杂语，藏之名山，副在京师，俟后世圣人君子。④

他撰写的《史记》，并非像一些传统的著作，只是依据“六经”（《诗经》《尚书》《易经》《春秋》《礼经》《乐经》）来照本宣科，而是把有关“六经”的不同的疏解、传记融会在一起，进而把诸子百家的野史、逸闻、杂记也加以博采整理，裁成了这部空前的巨著。

南先生的《论语别裁》也一样，并不是依循2000多年来的疏解《论语》惯例，而是采用“经史合参”“佛道入儒”“野史杂说解经”等活泼方式，裁成了这部空前的著作。所不同者，《史记》为高深的著作，所以司马迁只能希望它“藏之名山”，留待后世高水平的君子才能读得懂。《论语别裁》则完全相反，它是贴近大众的有趣读物，无论是达官巨贾还是贩夫走卒，只要稍通文字，就有可能读它了。所以，虽然两者皆成一家之言，但《史记》的影响力旨在长远，而《论语别裁》的影响力则在当下。

这本著述原是南老师的演讲记录，所以表达的文辞语句必然较浅显易懂。大凡演讲，必须顾及趣味性才能免得听众昏昏入睡，所以内容中引申许多诗词、故事作例子或譬喻，如此又增加了它的可读性。再加上这本书的初稿是由蔡策整理的，蔡先生是记者出身。大凡新闻记者写的文章都有个特色，就是不大讲究文字的逻辑，只求突出新闻的重点。这样的文章结构较松散，但它的优点是让读者看得轻松愉快，缺点当然就是经不起严格的文字究诘了。《论语别裁》的文字特色既是如此，自然切合了大众的口味，也引来一些学究人士对它“不是学术著作”的批评。不过，纵有批评，比起这本书对中华文化普及性的贡献，属无足轻重的了。

先秦文章讲究“言简意赅”，如孔子作《春秋》，标榜“微言大义”，往往一个字词就包含了很复杂的意义。尤其，古代文章喜引典故，因中国历史悠久、文化深厚，故典故极多，即使是博学鸿儒也难尽晓。更麻烦的是，古人喜欢以诗来表达不可言喻的境界，正如《论语·阳货》所说的“小子！何莫学夫诗？诗，可以兴，可以观，可以群，可以怨”，孔子本人就常引诗来教导学生。社会大众能悟到诗境的到底是极少数。更麻烦的是，宋明理学家所谓“心性之学”文章的总体意旨，是要建立一套道德哲学，故读者除非有精研的哲学功底，否则看这些文章实在不胜其烦，多数人根本读不下去。

职是之故，自2000多年前的四书五经，一直到宋明理学典籍，必须通过疏解释注才能使人了解。这就是为什么自汉代以迄清朝，对经典的文字加以训诂考据，成为治学的主流。问题是，阅读这些后人的训诂考据、疏解、注释又是繁上加繁的事，所以“四书五经”这些中华文化的宝典，势必脱离大众，只能成为极少数庙堂之士赏玩的文字了。

1840年鸦片战争以来，西风东渐，列强欺侮中国无所不用其极，凡有良知的知识分子莫不义愤填膺，纷纷提出各种救亡图存之计。其中有一派认为：导致中国如此屈辱的罪魁祸首就是传统儒家的礼教思想，于是主张“打倒孔家店”的新文化运动产生了。20世纪20年代到70年代，即从“五四运动”到“文化大革命”，这半世纪是中华文化最衰落的时期，活跃在这段时间的南老师深切感受到问题的严重性，于是不顾一切困难，挺身而出，讲述《论语》。

南老师的讲述，一反过去的文字障，用生动的“以经解经”“经史合参”

“引佛入儒”“旁通道教”，甚至引用民俗野史小说来解释《论语》，更不时地引用诗词来烘托出孔子思想的精义。他这种解读《论语》的方式，绝对是空前的创造性，由是贴近读者大众，扭转了中国人逾半个世纪以来对“孔家店”的误解，重新体会到儒家思想是中华民族的真正宝典之一。由此观之，《论语别裁》不仅是“成一家之言”而已，它对民族文化的复兴必有不可抹杀的贡献！

以下各节的主要内容，就是把《论语别裁》各种创造性特色作分别的探讨，以使我们体会此书的真正价值。

以经解经

南先生首出的创见，就是主张通过“以经解经”的方法来理解《论语》，以还原孔子思想的本来面目。具体言之，他认为，只要把唐宋以后的疏解推开，就自然会找出孔孟原来的思想。他详细研究《论语》，发现这部儒家思想最重要的著作，不但全书20篇的内容是连贯的大文章，而且每一篇的内容也是不可以拆开一节节来看的。历代疏解注释此书却相反，即把每一节拆开来，变成一句句“格言”式的意义来理解，这是大错特错。

因此，他认为，我们只要读熟原文，对后面的经文便多会有清楚的解释；我们仅就《论语》本身的每节语句的前后对照，即前后篇章“贯而通之”，便能对孔子思想有完整的理解。

用这样的方法去研读《论语》，就是以《论语》的本身去理解《论语》，而不再靠古人的注解去理解，这便是他所主张的“以经解经”。⑤

一、全文的关联性

《论语》全文20篇是如何连贯成一大文章的？⑥南老师在《论语别裁》

每章的开始或末后皆有简要的交代，兹根据他所说，列表以明之。

《论语》20篇内容的连贯性[⑦]

篇　目	内　容	备　注
学而第一	个人求学问的目的、态度、方法等	做学问的内修养
为政第二	见义勇为是为政的基本精神	做学问的外用
八佾第三	阐明“礼”是中华文化的基本精神	“内圣外王”皆本于礼
里仁第四	君子如何自处于“仁”的境界中	以上四篇讲学问的纲要
公冶长第五	以对话方式谈学问的事例	以事例说明学问
雍也第六	续以对话方式谈学问的事例	
述而第七	《学而》的注解	引申“学问”之道
泰伯第八	《为政》的个人学问修养的引申	
子罕第九	第五、六两篇内容的引申	
乡党第十	孔子的生活细节（传统私塾放在前讲）	本书列为总结
先进第十一	师生间的讨论，等于第一、二篇的注解	
颜渊第十二	阐明“仁”的意义	与第四篇相呼应
子路第十三	对《为政》的发挥	
宪问第十四	仍为《里仁》的发挥	
卫灵公第十五	阐明国家的根本为礼乐	
季氏第十六	与《雍也》相呼应	
阳货第十七	是《述而》的引申	
微子第十八	与《泰伯》相呼应	
子张第十九	《子罕》记孔子的教育理论，此篇记孔门学生受教以后对孔教的发挥	与《子罕》篇性质有相同之处
尧曰第二十	突出圣王治道，为儒家从政典范	三代圣王治道是儒家的最高目标

二、各篇的关联性

至于每篇各章节的内容如何有一贯的关联性呢？南老师在这本书的很多地方都说到了。为恐文繁，在此不一一引述了。读者欲知其详，请看原书可也。但有两点特别重要的，兹举出来以概其余：

《论语·学而》的第一段由三句话构成：

> 子曰："学而时习之，不亦说乎？有朋自远方来，不亦乐乎？人不知而不愠，不亦君子乎？"

遽看这三句话，好像没有密切的关联性，但老师认为绝非如此。他认为，第一句是讲求学问的宗旨要领，必须"时习之"——要随时随地求学问，一个人若真正做到"为学问而学问"的境界，就不会觉得寂寞，反而觉得心中有喜悦。孔门首要的事就是"求学问"，所谓"学问"不仅指现代人所了解的知识，而且要陶铸成仁、义、礼、智、信这"五德"的人格，此事牵涉复杂，留待后文再说。这里只是要说明《论语》为什么一开始便说这句话的道理。

第二句"有朋自远方来，不亦乐乎？"仍是指求学问的人是寂寞的，很难得有人能了解，一旦有远方的知己来临，便是很快乐的事。这里所谓"远方"未必指空间，也可以指时间。老师特举孔子的思想到了汉武帝时代才大举发扬兴起，相隔500年之久！当然是"远方"了。寂寞一辈子的圣人终于成了万世师表，当然是最值得高兴的事。

第三句"人不知而不愠，不亦君子乎？"依然是讲做学问的君子不怕寂寞，但要有信心，只要你是一位真有学问的君子，终归会有人了解的，所以在本篇的最后一节就有这样的结语："子曰：'不患人之不己知，患不知人也！'"这是说，一位求学问的君子，根本就不要在乎别人了解不了解自己，最怕的是你自己不能了解别人，因为了解别人要有智慧、有经验，未到这境界就表明自己的学问不到家。由此亦足证，“学而”篇是前后相呼应的[8]。

其次，再看《里仁》的解释。此篇首段只有两句：

子曰：“里仁为美。择不处仁，焉得知？”

宋朝大儒朱熹把这两句话解释为：“里有仁厚之俗，为美。择里而不居于是焉，则失其是非之本心而不得为知矣！”南老师认为，这种解释实是三家村学究的胡说。

我细究此言的实义，朱氏的解释确有大问题。如果说一位专修仁义德行的君子，要专挑好的地方才居住，才叫作有智慧（知），那岂不是骂孔子的最好学生颜渊“居陋巷，人不堪其扰”是没有智慧了吗？《学而》也说过：“君子食无求饱，居无求安”岂不自相矛盾？南先生引《里仁》末后第二句“德不孤，必有邻”来确证所谓“里仁”的“里”字应为动词，即“处在”的意思。具体言之，这段话应该是说：作为一位求学问的君子，应该把自己的精神修养处在“仁”的境界，这才是美好的事。如果不晓得这样做，就不算有智慧了。这个“处”的强调，其实接着这段话的第二段已显示明白了：

不仁者，不可以久处约，不可以长处乐。仁者安仁，知者利仁。

上段的“里”字，即是这段的“处”字的意思。南先生以此来作同一段的“以经解经”，诚属有理[9]。

贯穿孔子思想的四大问题

除上述文字件质的关联性外，我们更要注意贯穿孔子思想的四大问题：

学问、仁、天命、礼。兹分述如下：

一、学问

什么是“学问”？正如南老师不断说的，学问当然包含知识在内，但绝非仅指知识，“做人好，做事对，就是学问”“学问不是文字，也不是知识，学问是从人生经验来，从做人做事上去体会的”[10]。

依我对儒家学问的理解，孔门所谓学问，指的是“内圣外王”的修养和能力。在“内圣”方面，指的是个人的最高、最全面的品格修养；以“仁”为本位，以“义”为取舍标准，以“礼”为与人相处的准绳，此外还要“知命”。唯有具备了这些修养才算达到“成圣”的品格。至于文字、艺术乃至一般知识也应具备，但只能算是成圣品格的“余事”。更重要的是“外王”之道，个人具有成圣品格不是凌空抽象的存在，而是要有能力运用到社会实际事务上才算数，这些复杂的事务从孝悌开始向外推广，一直到齐家、治国、平天下为止。总括而言，孔门的“求学问”，实际指的是一整套的道德教育与实践。南老师在《论语别裁》里不时强调“学问”，实有其见地。

我们还要了解，“学问”一词现代用法，一般是指“知识”而言。这是来自西方的概念，与中国传统文化所说的意义并不相同，两者不可混淆。

二、仁

在《论语》中，孔子不断地谈到“仁”，尤其“里仁”最多。但孔子很少谈到仁的意义，多是谈到“行仁”的方法或具体事例。因为这个问题是孔子的核心理念，太重要了，所以我在此应做较详细的探讨。

自古及今，有关“仁”的说法很多，综合起来有四：

第一，仁的价值是内在而自足的，即不依靠其他因素的，“仁”的自身便是目的，不能是手段。例如《八佾》说：“人而不仁，如礼何？人而不仁，如乐何？”孔子在这里把“仁”与“礼、乐”作对比，仁是内在本质，礼、乐只是外在的、从仁的本质导出的东西。换言之，礼、乐这两种文化活动，必须要有仁德为内涵，才有它们的价值。

第二，“仁”有至高无上的价值，它与“圣”是一而二、二而一的东西。例如孔子在《述而》中说：“若圣与仁，则吾岂敢!”这表示仁与圣具有均等的最高价值。但这不是说两者可以分离来立论，因为“圣而不仁”是不可能的事，必有仁才是圣，凡是圣必涵盖了仁。故可以说，仁是一切德性的总汇。如“五常”：仁、义、礼、智、信，仁为首，是总摄性质的德性。具体言之，后四常（义、礼、智、信）必须以“仁”为内涵；没有仁的“义”就不是义了，其他礼、智、信也一样。

第三，仁的禀赋普遍存在于人们的生命中，故孔子说：“仁远乎哉？我欲仁，斯仁至矣！”（《述而》）我们“行仁”，只是恢复自己原来就具备的德性而已。但这样说，并非表示行仁是一件容易的事，必须痛下工夫才可能有成就，就连孔子也说过行仁的艰难。此见《宪问》说：

> 克、伐、怨、欲不行焉，可以为仁矣？子曰：可以为难矣，仁则吾不知也。

能够把好胜心、矜夸心、怨恨心、欲望心这四者除去，已是很难做到的事，但孔子还不称之为仁的境界。由此亦可证，“仁”是至高无上的德性，虽存在于我们每个人的精神中，但要持久地显现它极不容易。

第四，孔子多谈仁的方法或事例，这显示他是着重在仁的实践，而不是多作理论上的探究。如果说“仁”是一种最高境界，是吾人的理想观念，那么其能被理解和把握，必须落实在具体的行为中，而不是在抽象的理论中。[11]

在此不妨引《论语》几段讲法，也算对南老师的“以经解经”方法的补充：

> 巧言令色，鲜矣仁。（《学而》）
>
> 人之过也，各于其党。观过，斯知仁矣。（《里仁》）

知者乐水，仁者乐山。（《雍也》）

克己复礼为仁。（《颜渊》）

樊迟问仁。子曰："爱人。"（《颜渊》）

刚、毅、木、讷，近仁。（《子路》）

博学而笃志，切问而近思，仁在其中矣。（《子张》）

三、天命

《论语》中很多地方提到"天命"或"命"，这是一个重大而深奥的问题，与仁有密切关系。在此虽不能详加论析，但亦不能不作一概要性的提点，可供有志继续研究的读者一个线索。

据我研究，《论语》中提到"天命"、"天"或"命"的有13段，兹依次列出如下：

1. 子曰："吾十有五而志于学，三十而立，四十而不惑，五十而知天命，六十而耳顺，七十而从心所欲，不逾矩。"（《为政》）

2. 子曰："……获罪于天，无所祷也。"（《八佾》）

3. 子贡曰："夫子之文章，可得而闻也；夫子之言性与天道，不可得而闻也。"（《公冶长》）

4. 子见南子，子路不说。夫子矢之曰："予所否者，天厌之！天厌之！"（《雍也》）

5. 子曰："天生德于予，桓魋其如予何？"（《述而》）

6. 子罕言利，与命，与仁。（《子罕》）

7. 子畏于匡。曰："……天之未丧斯文也，匡人其如予何？"（《子罕》）

8. 子夏曰："商闻之矣：'死生有命，富贵在天。'"（《颜渊》）

9. 子曰："下学而上达。知我者，其天乎！"（《宪问》）

10. 子曰："道之将行也与，命也。道之将废也与，命也。"公伯寮

其如命何！(《宪问》)

11. 孔子曰："君子有三畏：畏天命，畏大人，畏圣人之言。小人不知天命而不畏也，狎大人，侮圣人之言。"(《季氏》)

12. 子曰："天何言哉？四时行焉，百物生焉，天何言哉？"(《阳货》)

13. 孔子曰："不知命，无以为君子也。不知礼，无以立也。不知言，无以知人也。"(《尧曰》)

何谓"天命"，"天"，"命"？《论语别裁》并未对这三个重大词语作深入的疏解，只是泛泛而说"天命是哲学的宇宙来源，这是形而上的思想本体范围""天道是哲学问题"，等等。南老师本来就是重视实修性的学问，不措意于玄理的探究，是当然的。

我们如想究明这问题，应参考现代新儒家人物，如牟宗三、唐君毅、徐复观、吴汝钧等先生的有关著作才行[12]。概括地说来，他们都认为《论语》上所说的"天命"与"命"有显然的不同。孔子所说的"天命""天道"或"天"是指道德意义的超验性质，即指"天德"而言。天德下降而表现在吾人身上的是为"仁德"。故孔子所说的"仁"可以上通于天，尽了人之德即符合了天之德。

至于单说"命"，常指一般意义的"命运"而言。什么是"命"？牟宗三先生说，这是一个吾人在实践行为上的"虚概念"，它不是知识概念，也不是经验性概念。例如上引子夏说的"生死有命，富贵在天"，人的生、死是必然的，这不是"命"，但在这必然的生死中就有"命"的存在了；某人生时过着荣华富贵的生活，某人相反穷困潦倒过一生，这就是"命"。因此，所谓"在天"，就是意味着"你这个人如何生存着"含蕴了"你便有如何的际遇"，为什么有这般"际遇"？却是没有道理可说的，所以这就是"虚意"，这就是称之为"命"的东西了[13]。

上古的夏、商时代，"天、鬼、神"都是民俗宗教性信仰。周公制礼，摒弃上古宗教而采"人文化成"思想和制度，孔子所谓"郁郁乎文哉！吾从周"就是此意，他就是以弘扬人文主义为己任。但孔子仍循上古的尊天思想，只是对天的尊崇不像古代一样依靠祷告和祈求，而是“摄天心于人心”，主张人德（仁）可齐天德。

关于这层深刻的义理，唐君毅先生有段话最值得注意，若读者有志探究这些深奥问题，宜三复此言：

谓儒家是宗教者固非，而谓儒家反宗教、非宗教，无天无神无帝者尤非。儒家骨髓实唯是所谓“融宗教于人文，合天道而知其同为仁道，乃以人承天，而使人知人德可同于天德，人性即天命，而皆至善。于人之仁心与善性，见天心神性之所存，人至诚而皆可成圣如神如帝”之人文宗教也⑭。

四、礼

“礼”，在儒家思想中是头等大事。因为儒家的宗旨就是要维持一个和平稳定的社会，而“礼”正是达成这个目标的关键要素。故在整部《论语》中，我们可以看到孔子不断地提到“礼”。事实上，孔子就是以弘扬周公所定的礼乐精神为己任的，因此他甚至睡觉都常梦见周公。《论语》以至其他儒家经典如《礼记》《大学》《中庸》和《孟子》的整体精神，也都是朝着这个目标。明朝以后，有些学者认为，儒家思想与道教、佛教一样，是宗教式的信仰之一。如果同意此观点，那么就可以具体地说，所谓“儒教”就是“礼教”或称为“人文宗教”。

“礼”为什么如此之重要？且看孔子这段话：

子曰：周监于二代，郁郁乎文哉！吾从周。(《论语·八佾》)

这段话只有三句，其实含有重大的意义。它的大意是说，周朝的前二代是夏、殷商，而这二代的社会特色是“夏尚忠，殷尚鬼”，夏代简朴粗野，殷代鬼怪崇信很盛行，到了周公制定礼乐，才脱离了粗野和鬼怪对人的精神束缚，建立了从人的精神文明出发的“人文以化成天下”的社会，此种社会特质现代称为“人文主义”。孔子就是赞成周公这种以“礼”为中心的人文精神，才说“郁郁乎文哉！吾从周”。由此可知，孔子的精神就是发扬“礼”的人文精神，孔门的学问就是以“仁”为最高理念（指导思想）的人文教育。中国自古以来即称为“礼义之邦”，中华民族之所以能延绵数千年到今天，就是因为有“文章华国，诗礼传家”的最大作用。扩而言之，有学者认为，中华民族靠这种“人文精神”来维系道统、政统、法统是世界特有的，与西方社会主要靠信仰上帝的宗教来维持大不相同。⑮

阐明礼的义理大关节之后，我们还要注意礼的具体实践问题。因为，自“五四运动”以来，很多中国人赞成“打倒孔家店”，正是觉得礼教束缚不合理之故，这是礼的实践发生了副作用所导致的问题，而不是礼本身的人文精神出了问题。孔子有一段话是究明这问题的最佳题材：

> 林放问礼之本。子曰：“大哉问！礼，与其奢也，宁俭；丧，与其易也，宁戚。”（《论语·八佾》）

这段话的含义很简明：孔门弟子有一次请教老师：“礼的根本精神是什么？”孔子说：“你这个问题太大太重要了！一般的礼仪，太铺张奢侈是不对的，宁可简单而隆重。办丧事的葬礼太轻忽也不好，应着重在悲戚的心情。”

由此可见，“礼”有两重意义，一为“礼之义”，一为“礼之仪”；前者才是根本的精神，后者只是外在的表现形式，“仪”应依“义”来作因时制宜、因地制宜的取舍。所以我们常说“礼义”、中国是“礼义之邦”，礼必须连着“义”才不致流为形式主义。这才是对“礼”之正确实践。南老师书中很多地方都强调这一点，他还多引《礼记》的详细规范做说明，所以我认为老师是真懂“礼”的人。

其实，一般人不受某种规范的形式（仪）所束缚很不容易，通晓佛教的“见惑”义理才能真正了解此问题。佛学分析吾人的精神心理，发现有五种主观见解（五利使）是束缚我们心灵最强烈最难除的：身见、边见、邪见、见取见、戒禁取见[16]。前四种“见”与本题无关，在此不赘言。最后一种“戒禁取见”指的就是：一个人若接受了某些形式的戒条，他的精神就被戒条所束缚，很难挣脱。“礼之仪”就是一些言行的教条，习惯了此种教条也一样会变成一个不会变通、不明大体的迂腐拘谨之士。像宋代一些人执着“女子无才便是德”的教条，甚至演变成对妇女的种种迫害，到清末西方“男女平等”思想一来，当然引起大家的不满，最后演成“打倒孔家店”了。总之，我们现在要复兴中华文化，对“礼”的真正义蕴必须要分疏明白。南先生的《论语别裁》，对这方面有很大的贡献。

经史合参

何谓“经史合参”？南老师有段话如是说：

> 摆脱两千余年的章句训诂的范围，重新来确定它章句训诂的内义。主要的是将经史合参，以论语与春秋的史迹相融会，看到春秋战国时期政治社会的紊乱面目，以见孔子确立开创教化历史文化思想的精神。[17]

这段话的意思是：通过《论语》与《春秋》等历史经验的融合，来找出孔子在《论语》里每句话的“内义”，这样便可摆脱历来只重表面文字解释的拘束了。

依我之见，老师这段话只是原则性的严肃意义之解释。实际上，我们在《论语别裁》中，随时可以见到他引用大量的历史故事来阐明经文的真义，这才是广义而有趣的“经史合参”。此书之所以具有高度的可读性，主要原因在此。因为内容易晓而有趣，此书之所以有广泛的普及性，原因亦在此。

以下举几个例子来证明我的看法。

一、唐太宗与魏徵的故事

《论语·里仁》有道：

> 子游曰："事君数，斯辱矣；朋友数，斯疏矣。"

这是说，无论对长上甚至君王，或对朋友，见他有错就应该诤谏、劝告，但不可以说个不已，劝个不停。因为这样就可能惹得君王长上恼羞成怒，你就危险了，朋友也会疏远你。对这段简单的经文，南先生引一段有趣的历史故事来说明：

唐太宗喜欢玩一只小鹞子。有一天正在玩鸟，他敬惧的大臣魏徵突然来了。太宗怕他说自己的不是，赶快把小鸟藏在怀里。魏徵早已看到皇帝这动作，却假装没有看见，故意留下来与皇帝讨论国家大事。皇帝心中好生着急，又拿他没办法，过了好一会儿魏徵才拜辞。皇帝掏出心爱的小鸟一看，已死了！他伤心地回到后宫，大发雷霆说："非杀掉这个田舍翁（乡巴佬）不可"！贤惠的长孙皇后问明原委，立即穿上大礼服向皇帝行礼贺喜。太宗大为惊讶，问她有什么好贺的？皇后说，我朝有魏徵这么忠贞的大臣，又有你这样英明的皇帝，这是自古以来没有过的好现象，国家必然兴盛！这还不可喜可贺吗？皇帝听她这么 说，顿时息怒。南老师认为，以太宗皇帝如此器识宏大的人，对魏徵可谓敬重有加，可是为一只小鸟一气之下几乎要杀他，还好贤明的皇后救了一把。所以，劝谏别人要小心，切勿过分，方能自保。⑱

二、年羹尧受教育的故事

《论语·述而》有道：

> 子曰：不愤不启，不悱不发，举一隅不以三隅反，则不复也。

这是孔子对学生的教育方法，现在常用的“启发”和“举一反三”之说就出于此。对于“启发”的道理，南老师举了清朝年羹尧的故事。

年羹尧（1679—1726），康熙朝大将，曾立下平定青海、西藏之乱的大功，官至四川巡抚。雍正初年因“功高震主”被诛。据传，他幼时非常顽劣，父亲请了几位老师来教他，都被打跑，故再也没有人敢来年家执教了。后来请了一位有武功的隐士当家教，年父说自己的孩子非常顽皮，恐怕难以管教。老师说，没有关系，只要准备一个大花园当教室，围墙要加高点，但不设门，只有攀墙才能外出。就这样这位老师便开始教了，却什么课都不讲，师生两人只在园中玩耍。年羹尧好生奇怪，一心想把老师打跑，不料教师武功很高，他根本打不着。到了傍晚，老师轻功跃出围墙，在外逍遥了一阵子，又飘然跃墙回来，每天如此。年羹尧武功不够高，跳不出去，一点办法都没有，只好乖乖待在园内。不久，老师吹笛子，吹得很好听，吸引住了年羹尧。老师告诉他，人要养气，吹笛子既好听又能养气。年羹尧对笛子起了兴趣，要求老师教。就这样，这位老师把年羹尧渐渐带入安静学习的境界，后来成了一个文武双全的人。

年羹尧当了大官以后，对孩子的教育很注意，对请来的老师十分尊敬。他亲手写了一副对联贴在家，告示后辈：

> 不敬师尊，天诛地灭。
> 误人子弟，男盗女娼。

这个故事不知是出自正史还是野史，我无暇查明，但这并不重要。南老师以这故事来教人参悟“启发”教育的道理，让人印象深刻。[19]

三、管鲍之交的故事

《论语·宪问》有道：

子路曰：桓公杀公子纠，召忽死之，管仲不死；曰：未仁乎？子曰：桓公九合诸侯，不以兵车，管仲之力也。如其仁，如其仁！

这段话的起因是，子路怀疑管仲的人格有问题，因为他和一位名叫召忽的大臣一起帮助齐国公子纠，与公子小白对抗，争夺齐国的政权。结果公子纠失败，被齐桓公（即公子小白）杀了。召忽效忠到底，一同被杀，而管仲却不殉难，后来还被好友鲍叔牙推荐，当了齐桓公的丞相。因为管仲有治国的大才能，使得齐国强盛起来，桓公成为春秋时代的第一位霸主。孔子从管仲的功劳着眼，说他不必动用武力就能九次召集诸侯结盟，共尊周天子，使天下和平统一，所以管仲的功德是符合仁道的。

南老师在《论语别裁》里，详细说明了管鲍之交来印证这段经文，他是根据《春秋左传》庄公九年的真实历史而立论的。

原来，管仲和鲍叔牙在年轻时是好朋友，管仲很穷，鲍叔牙常常接济他。有一次，两人合伙做生意，大概是鲍出资，管出力；结果赚了钱，管私自多分一些。有人把此事告诉鲍，鲍全然不怪管，还说他比较需要钱，应该多拿。后来，齐国两位太子为争权位而分裂，鲍叔牙当了公子小白的助手，管仲和召忽却成为公子纠的大臣。有一次，两个太子军事对阵，管仲放箭几乎射死了小白，由此结下仇怨。后来鲁国出兵平乱，捉了公子纠、召忽、管仲。鲍叔牙用计谋使鲁国杀了公子纠，召忽自愿殉难，却把管仲囚禁送回齐国。公子小白此时已成为齐的君主，是为齐桓公。他想杀管仲以报一箭之仇，鲍叔牙谏劝桓公不可计较私仇，为了国家应该重用管仲，因为他有治国的大才能。桓公从善如流，拜管仲为丞相，很快使桓公成为春秋时代的第一位霸主。最后，管仲临终了，桓公问管仲是否可把他遗下的相位给鲍叔牙做。管仲却说，鲍叔牙这个人性格太清高，不适宜任这个位子，这样做是害了他。鲍后来知道此事，非但不生气，还高兴地说，只有管仲才是真正的知己朋友[20]！

因为朋友是“五伦”（君臣、父子、夫妇、兄弟、朋友之交）之一，中国传统文化视之为重要的社会基础。南老师细说管鲍之交，固然是要说明朋友之道很难，而且也突出了其重要性可以牵涉天下治乱！若无管仲，齐桓公就不可能“九合诸侯，一匡天下”；若无鲍叔牙这位好朋友，根本就没有管仲被重用的事了。

四、谥法问题

《论语·公冶长》有道：

> 子贡问曰：“孔文子何以谓之‘文’也？”子曰：“敏而好学，不耻下问，是以谓之‘文’也。”

“谥法”是中华传统文化的重要制度。先说清楚经文的意思。子贡请问孔子，孔文子这个名字中的“文”字是谥号，然则什么叫作“文”呢？孔子答复说：一个人德行很好，为人敏捷又努力求学问，为不懂的事去请教人绝不会觉得羞耻，这就是“文”。

南老师解释《论语》这段文字，提出了“谥”是中华文化特有的重要法制。它的作用就是对从政的人一生的总评价，其精神目标极严肃而重要，这表明一个人不但要对自己的一辈子负责，对后世仍要负责。所以自周公制定“谥法”以来，中间除了秦始皇短期停用之外，直到清朝，历代都实行这种良好的制度，中华民国建立才废止。老师认为现代有些人接受西方粗浅文化，变成“死后是非谁管得？生前拼命自宣传”是错误的，所以他郑重主张：“谥法就是中国文化的精神，等到邦有道时，这些东西仍然要恢复起来才对”[21]。

早在 1977 年 6 月 6 日，我曾在中国国民党报刊上发表《论谥》一文，为便于读者了解此问题，特附载此文在本章之后[22]。

五、历法问题

《论语·卫灵公》载：孔子提到“行夏之时”。“夏之时”就是夏历，也就是农历、阴历。南老师对这个问题有详细的解说。

正如老师认为，天文学在中国发展得最早，而且每一朝代都重视历法，重视历法就是尊重历史，所以中国夏、商、周代的历史都是可信的。孔子作的《春秋》更是逐年记录当时发生的大事，现在都可以查考。中华文化经过这么长久而可信的累积，内涵变得无比的丰富，不要说欧美比不上，就连同为古国的埃及、印度也比不上。古埃及没有至今仍存活的“文化”留下来，只有金字塔之类的古迹供人考察而已。因为佛陀出生和传教的准确年代当时都没有记录下来，现在的资料大抵是后人推测出来的。

南老师指出，中国人几千年来就有过阴历新年的习惯，这是夏历的传统。自从推翻清朝建立民国以后，改用阳历，把阳历年称为“元旦”，但老百姓仍然喜欢农历新年。现在，年轻人流行过圣诞节，这是西方人过的年。如是中国人变成有三个“年”了，据说，湖南名士叶德辉曾对此写了一副讽刺对联：

男女平权，公说公有理，婆说婆有理。

阴阳合历，你过你的年，我过我的年。

他强调，讲文化，这个地方要注意了！过年这件事，好像无大事，但“你过你的年，我过我的年”代表老百姓对使用阳历一直不能心悦诚服地配合，也代表民心的一种分裂。在这段经文中，孔子主张“行夏之时”，这是对的。因为中国这片土地位于地球的东边北部，属温带，是从事农业的好地方，用夏历最合理了。要研究易经八卦、阴阳学、人事等，也是用夏历最合适。

以佛解儒

南怀瑾先生精通佛法，所以他讲述《论语》常引证佛教的义理或故事，让人觉得有趣之余，更易了解儒家思想。

本节仅举几个例子来阐明之。

一、何谓“一以贯之”

《论语·里仁》有段难解的经文：

> 子曰：“参乎！吾道一以贯之。”曾子曰：“唯。”子出，门人问曰：“何谓也?”曾子曰：“夫子之道，忠恕而已矣!”

南老师认为，这段话是千古以来一大疑案。何谓“吾道一以贯之”？不但孔子没有说明，曾子当场也没有说明，只讲个“唯”（知道了）字。后来，别的同学问曾子，曾子才说“忠恕罢了”。忠是忠于人或事，恕是谅解人、包容事。这都是“行为”上的事，当然不是道的自身，“道”怎样“一以贯之”？所以曾子的答复等于未答。后世有人附会这句经文，创造出一个“一贯道”的新教派，他们把儒、释、道、基督教等统合在一起，叫“一贯道”。

于是，南老师便引禅宗的“释迦拈花，迦叶微笑，教外别传，不立文字”的故事，来解说孔子的“吾道一以贯之”的深义[23]。其实，我认为南老师的解说也等于没有解说，因为禅宗的本旨是要人悟得“本性”，何谓“本性”？是“言语道断，心行处灭”的境界，即“不可说，不可说”之实相境界。佛教的实相境界是超越吾人二元知识的“不二法门”，“实相无相，即是如相”的境界，吾人只能靠“悟”而进入；若依语言去解说，“一说即不中”了，所以老师的解说其实也没有解说。但这种“不解说之解说”，是历来疏解《论语》从未有人如此的，所以老师的讲解很吸引人。

二、何谓四毋

《论语·子罕》有言：

> 子绝四：毋意、毋必、毋固、毋我。

从字面解释，孔子有四件事绝对做得到的：第一“毋意”，不坚持自己的先有的见解，如果别人有更好的想法应接受。第二是“毋必”，不要以为每件事都必然有结果，正如坊间有两句名言说：“不如意十常八九，可与人言无二三。”人生的事十件中有八九件是不如意的；碰到不如意的，大多数还无法向人诉说。第三是“毋固”，在做事过程中不要固执自己的成见，若有错误即应改正。第四是“毋我”，专为人着想，专为事着想。孔子绝对没有这四种心理：意、必、固、我，足见他的修养。这“四毋”也是儒家修养的核心功夫。

南老师为了解释“四毋”，特别引佛教《金刚经》的“四无”来作衬托。所谓“四无”，即“无我相、无人相、无众生相、无寿者相”，其含义本与儒家的“四毋”有大差异，所以他只用“衬托”一词，并未说两者的意义相通[24]。

依我的浅见，《金刚经》是佛门重要的般若经典，其主旨就是解说“空”义。何谓“空”？不是指这个东西不存在，而是说这个东西没有“自性”。何谓“自性”？独一无二者才是“自”，永恒不变才叫“性”；世界上任何东西，不管是有形的（如山河大地），或是无形的（如人的精神意识）都不可能有个“与众不同、永恒不变”的本体存在，这就是“空”的含义。

那么，某个东西既然是无自性（空）的，为何它又能存在？这就是“缘起”的义理了。故“缘起”即“性空”，“自性空”即缘起。某些因缘聚合了，就成为某个东西；因缘散了，这个东西就不再存在了。这种义理，就是佛陀悟出来的最深道理。佛教之所以称为“空门”，也是这样来的。现在把话题返回《金刚经》，其中所说的“无我相、无人相、无众生相、无寿者相”最终的含义均是指“我、人、众生、寿者”，都是没有自性的、空的。没有“四相”，不仅指修行的工夫，而且指最终的“般若智”，佛教的般若智指的就是“空”义。由此可知，佛教的“四无”与儒家的“四毋”在义理上有极大的差别，故南老师说“衬托”是对的。由此衬托可引发读者进一步思考，当然亦随之增强了这本《论语别裁》的可读性。

三、何谓“智者”

《论语·子罕》有言：

> 子曰：“知者不惑，仁者不忧，勇者不惧。”

在古文里，“知”与“智”通，故第一句应为“智者不惑”，有智慧的人看问题很清楚，所以不会疑惑。这是字面上的解释。但如作深一层去看，何谓“智者”？“智慧”与“聪明”又有什么不同？要分辨清楚并不容易。

我当年讲课，常以打麻将牌作譬喻，要大家对这两个词语有较清楚的概念：有些人头脑聪明，记忆力强，很会打牌，不但别人出过什么牌统统记得，还能偷牌而别人不会察觉，所以他几乎每赌必赢，这是“聪明”。而有人根本不去做打牌这种事，因为他了解到：打牌既浪费时间，又伤害健康；即使能赢别人，也是圈子里的亲朋好友，日久必伤感情，这种赌博性质的事只有大堆坏处，全无一点好处，所以绝不做！这才叫作“智慧”。同学们听我如此讲，大抵能领会这两个词汇的分别。这是我的粗浅譬喻而已。

南怀瑾先生对这两个词汇领悟得最深刻，所以他常用“老拙”为别号，在他签署许多书函中常用的；所谓“拙”就是不可玩弄那类小聪明的意思[25]。

在《论语别裁》中，他解释孔子这句“智者不惑”就引佛教“般若”一词来作对照，因为此词的含义就是“智慧”的意思。不过，它比中文“智慧”一词含义更广、更深，所以玄奘大师翻译佛经时，保留梵文音译而来的“般若”（梵文 prajñā）。

佛教有一部很深的经典《大智度论》，专门解释佛门智慧有三种：一切智、道种智及一切种智。能领悟到“一切皆空”义理的就具备了“一切智”。能分别地了解各种修道法门的，就具备了“道种智”。能直觉地、具体地、圆实地了解一切法的实相，并了解所有法门的差别者，才是“一切种智”，只有佛才具备这最高的智慧[26]。整套佛教思想，就是以追求“智慧”为目标，因为佛教分析出人有无穷的苦痛和烦恼，即是“惑”，只有通过智慧才能解脱自己的苦痛。由是可见，孔子所说的“智者不惑”，在义理上与佛教相通。

四、何谓克己复礼

《论语·颜渊》有道：

> 颜渊问仁。子曰：“克己复礼为仁。一日克己复礼，天下归仁焉。为仁由己，而由人乎哉?”

因为“克己复礼为仁”是孔子思想的重心，故《论语别裁》用了长达19页的篇幅来阐明这句话。南先生认为，《里仁》篇所讲的许多“仁”的事，性质上是仁之体、用、现象等，孔子第一号贤德学生颜回直接问“什么是仁”，即仁的定义问题；孔子只答复一句话：克己复礼就是仁。下文两句话是补充性的说明：为仁是靠自己的，只在你的心中，并非外来要你这样做的，故说“为人由己，而由人乎哉”。如果你能做到“一日克己复礼”，就会影响到你四周的人，甚至全世界的人都“归向仁”了。

南老师认为，上述传统的“依文解义”，只能了解文字的表面意义，不能领会这句话的思想真谛，因此他引用禅宗的“定、静”工夫来解说“克己”的深义。能够自我“心理净化”就是克己，但人的心理就像瀑布流水，一个念头接一个念头不断而来的，所以“克己”不是什么都不想，人除非昏迷或死了才什么也不想，只要是活着即使在睡觉，脑子还是想个不停，所以能够“想而不住”——某一个念头来了不要执着它，由它过去，这就是《金刚经》上最重要一句话“应无所住而生其心”的意思。能够做到如此工夫便是进入了禅的境界。但要达到这境界，须有深湛的修养才行。

为了进一步说明此种禅门修养，南老师特别举出文天祥之所以能“从容就义”为例子，此事很少有人知道。文天祥被元军押解赴北京的路上，曾遇到一位高人，传授给他“大光明法”，这是佛教的一种修炼方法，修炼成功即可解脱生死，从容就义也就做到了。在文天祥遗集中有首诗记载了这件事：

谁知真患难，忽悟大光明。
日出云俱静，风消水自平。
功名几灭性，忠孝大劳生。
天下惟豪杰，神仙立地成。㉗

南先生自身就是著名的禅宗大师，他引禅门的“宁静”义理来疏解这句“克己复礼为仁”的深义，又引证文天祥的实例，当然有极大的说服力了。至于本段其他几句话，《论语别裁》中也有详细的解说，为免文繁，在此不再叙述，有兴趣的读者去看原书可也。

以道解儒

南先生精通道家思想和修炼方法，所以他讲述《论语别裁》引用了更多的道家义理或典故，从而大大提高这本书的深度和可读性。本节举几个例子以阐明之。

一、“伯夷列传”的深意

《论语·里仁》有道：

> 子曰：“能以礼让为国乎？何有！不能以礼让为国，如礼何！”

为了解释这段话，南老师指出：中国几千年来的历史显示，每当天下大乱需要拨乱反正的时候，都是道家人物出来的，运用道家思想来完成大业。天下大势底定之后，他们就礼让身退了，这就是《老子》的“功成，名遂，身退，天之道也”的思想之实践。天下太平了，才由儒家人物出来治天下。道家的人真正做到不求名不求利，显隐无常，让人觉得亲切可爱。这是中国文化的真诚谦虚精神的表现，孔子也是非常赞赏的，《论语》十分赞扬伯夷、叔齐这些道家人物，所以也感叹“能以礼让为国”的高风亮节。

南老师还特别指出，《史记》里的“伯夷列传”很重要，是司马迁的历史哲学大纲，但很难看得懂。我初入南门时，他就要我注意这篇列传。我当年初看这篇文章，就觉得很奇怪：它的标题既然是“伯夷列传”，但文中只有一段直接讲到伯夷叔齐，其他内容却是东拉西扯，让人茫然不知重心。不过，历史上一些贤德的人却没有好报，而盗拓之流作奸犯科的坏蛋竟可荣华富厚过一生，太史公因而感叹“余甚惑焉，傥所谓天道，是耶非耶?”我看到这话，亦感叹不已，所以印象深刻。随着年龄的增长，我对这篇文章的认识亦加深，才觉得老师对这篇文字的重视有其道理，兹依我浅见分析如下：

1. “伯夷列传”篇幅不长，全文不足千字，依其内容可分为四段。

第一段是说：上古有高人许由、卞随、务光的传说，因为文献不足，难以采信。但太伯、伯夷等高士却有孔子的《论语》等可靠文献记载，是可信的。这是表示司马迁撰历史的一种重要态度：有证有据的为“信史”，证据不足的传说之类也不予否定，只列入“存疑”。这是司马迁的历史哲学，《史记》之所以成为中国第一部权威历史书，道理亦在此。

第二段记载了伯夷、叔齐兄弟高风格之一生，最后将饿死在首阳山时还作了一首歌，表达了哲人的最后感叹。最可注意的是，司马迁在作此记载之前，先引《论语·述而》孔子赞美伯夷和叔齐的话："求仁而得仁，又何怨！"然后说看到了伯夷临终的诗歌，甚感悲痛。这种笔法，等于对孔子的"求仁得仁"之言感到疑惑，也就是暗示：孔子的话未必是完全可信的了！

第三段是司马迁对"好有好报，恶有恶报"的报应论起疑了。他举伯夷叔齐二人如此积善行仁，却饿死在首阳山；颜回是孔门最好学的人，却短命死了；岂非"天不佑善人"？相反的，很多操行不轨、作奸犯科之徒，如历史上有名的盗拓者，却能在生时享尽富贵，甚至横行天下，最后还寿终正寝。在这种比较下，所谓"天道"也好，"报应"也好，到底是真是假？这段话显然是司马迁自己心怀怨愤的发泄，因为他的祖先数代当太史官，家学渊源；他自己为人端正、才识超群，居然遭受李陵之祸，忍受宫刑而撰述这部千古名著《史记》，他借撰"伯夷列传"来发抒块垒也是自然的了。

第四段借人的性情不同而有不同的人生目标，来暗示太史公自己的志向就是"君子疾没世而名不称焉"，所以作《史记》，这样不但使自己可留功德于后世，也帮助许多历史上有功德的人物不至于"湮没而不称"。像伯夷、叔齐这样的贤德高节之士，也要因得到孔子的称赞而能声名大振；像颜回这么好学者，也要依靠孔子而被后世所知。故有了《史记》，使许多人物留名青史了。

综此四点，可见"伯夷列传"实有很深的含义，南老师引此文来解释《论语·里仁》这段话，自亦有深意[28]。

二、道家思想

《论语·泰伯》有道：

> 子曰："笃信好学，守死善道。危邦不入，乱邦不居。天下有道则

见，无道则隐。邦有道，贫且贱焉，耻也。邦无道，富且贵焉，耻也。”

南老师认为，“天下有道则见，无道则隐”这两句话是中国自上古以来即有的隐士思想，他们走的是道家路子。儒家路子与道家路子是中国传统文化的两大主流，两者最大分别在：儒家是“明知其不可为而为之”，知道这个人救不了，在道义上应该救还是要尽力去救；孔子之所以为圣者，他的作风就是如此。道家隐士的态度则不同，这个人既然不能救，放弃算了。

对于国家大局，两家的思想也大有分别。老师特以一个有趣的譬喻来说明。道家把时代潮流视为山洪暴发，挡也挡不住，一定要去挡就是傻子，必被大水冲走；如果一定要挽救，先估计山洪力量大概冲到什么地方会衰竭，先到那个衰竭的下游，稍加引导，洪水就引入河川了。儒家的做法却不是这样，对时代大趋势也视作山洪暴发，挡也挡不住，但要跟着洪水旁边奔跑，在沿途看到卷入洪流中人，救得一个是一个，如是努力一直到某种平缓形势，才把洪水导入河川。

南老师的结论是，儒、道两种思想都是不错的，是中国上古文化的主流。孔子对道家的隐士其实很崇敬，从《论语》有关的话可得证明；只是到了后世，许多儒家人士反对道家隐士，认为他们虽有好学识、高品行，却不能“经世致用”，故大加批评。其实，历代最能影响实际政治的还是隐士思想，最著名的例子便是商山四皓㉙。

三、无末者不成

南老师以“无本者不立，无末者不成”这两句话来教导我们。我初闻此言，不禁心头一懔，所以印象深刻，三十多年来记忆犹新。第一句“无本者不立”，出自《论语·学而》：“君子务本，本立而道生。”第二句应是根据《大学》所说“物有本末，事有终始，知所先后，则近道矣！”而来。将这两句话凑在一起来说，则是道家思想渗在其中了。因为儒家只强调个人的“忠孝仁爱信义和平”等基本修养，这些都是“本”；君子只管这个“本”，本好了末自然好，所以不必“务末”了。道家却不作此想，强调的是对人对事的应世技术性之“末”，因为他们认为即使立了“本”，若末节的事不做好还是不可能有成就的。

南老师在《论语别裁》举出两个历史人物做例子，说明通晓道家思想或隐士做法的重要性：一个是五代时的冯道，另一位是南宋时的岳飞。

冯道（882—954），五代时人，曾在后唐、后晋、后汉、后周 4 个朝代做大臣，历经 10 个皇帝，任过 6 个皇帝的宰相 20 多年，活了 73 岁，自号“长乐老”。宋朝欧阳修撰史书，痛斥他丧尽气节，无耻之至。但老师认为冯道处在那种混乱时代，居然能站得住而不倒，这么多个皇帝都依赖信任他来治理朝政，显见他的才能和待人处世的手段十分高明，才会达到他自己的诗所云“但教方寸无诸恶，狼虎丛中也立身”的境界。他真正做到孔子所说的“邦无道，危行言孙”了。

岳飞（1103—1142）的遭遇则相反。他所处也是动乱时代，金兵捉了宋朝徽宗、钦宗两位皇帝押到东北关起来，钦宗的弟弟高宗逃到江南登位是为南宋。岳飞力抗金兵，转战在华北淮河流域，战功赫赫！誓言要北伐“迎回二圣”以雪靖康之耻。他的品格行为完全对，正是符合“危言危行”的标准，最后却被秦桧诬陷为造反，父子二人蒙大冤而遇害。后人认为，岳飞之死根本就是宋高宗主谋的，因为若由他迎回皇帝父亲和哥哥，这个弟弟就没有皇帝可做了，所以指使秦桧害死了岳飞。南老师也认为，岳飞处在那个战乱时代，正是孔子所说的“邦无道”，应该“危行言孙”才对，但他却“危言危行”招来大祸，这是缺乏道家工夫之故[30]。

《论语》言及道家隐士的文字不少，下列三段是有关道家待人处世的，宜一并研究。不过，南先生原书已有详细解说，为免文繁，于此不再一一疏解。

> 子谓南容：“邦有道，不废。邦无道，免予刑戮。”（《公冶长》）
>
> 子曰：“邦有道，危言危行。邦无道，危行言孙。”（《宪问》）
>
> 子曰：“贤者辟世，其次辟地，其次辟色，其次辟言。”（《宪问》）

卓见慧解

《论语别裁》一书，除上述的“以经解经”“经史合参”“以佛解儒”和“以道解儒”之外，还有很多处的精彩解释并非依循什么，纯粹出自南怀瑾先生自己的卓见慧解。

本节仅引四项为例。

一、无友不如己者

这句原文是：

> 子曰：“君子不重则不威，学则不固。主忠信，无友不如己者，过则勿惮改。”（《论语·学而》）

朱熹解释这句话说：“无、毋通，禁止辞也。友所以辅仁，不如己则无益而有损。”南先生认为此解释大错，这是看不起人的势利眼！相反，孔子这句话是教你尊重别人，它的真意是“不要看不起任何人，不要以为别人都不如你自己”，因为世界上的人各有各人的长处，所以古人说“不因人而废言，不因言而废人”。某人虽然很多缺点，但说不定他有些话很好。反之，某人虽然一时说错了话，但切勿把他整个人都看扁了[31]。

我认为，老师的解释才是对的，如照朱熹的解释，必将没有一位朋友可以交往。因为一般人总会自以为是，总是觉得别人比不上自己，照朱熹的讲法，那就没有任何人可以交朋友的了。反之，如果一个人总是觉得自己不如别人，那就可能患上“自闭症”或有严重的“自卑感”，这种病态心理的人当然交不了朋友，别人也不会同他交朋友，因为别人也用朱熹的标准之故。

二、宰予昼寝（《论语·公冶长》）

这句原文是：

宰予昼寝。子曰："朽木不可雕也，粪土之墙不可圬也，于予与何诛？"

传统解释是：孔子的学生宰予偷睡懒觉，孔子看到了就骂他："你好像腐烂的木头不可雕刻，你好像烂泥巴做的墙壁粉刷也没有用。""诛"应作"求"解，"于予与何诛"就是"我也拿他没办法"的意思。

宰予是好学生。孔门里有言语、文学、德性、政治四科才能的分类，宰予是言语科的第一名呢！如他只是睡睡午觉，孔老师怎么可能如此骂他？所以历来有人怀疑此事。最早是梁武帝提出来，认为"昼"字错了，应为"画"，即宰予在寝室的墙上画图，老师说这墙是泥巴做的，画不了图的。历代有人接受这讲法，近代如著名的康有为、梁启超也持这看法。以理学家自居的曾国藩最有趣，因为孔子的这句话，竟然终生不敢睡午觉，若忙得太累，则傍晚小睡一会儿。

南老师认为古人都曲解了这句话。孔子是说，因为宰予身体很弱，只好让他午间多睡一会，对他不可过分要求。这种解释很有趣，与传统说法相反，孔子不是责备宰予不努力，而是爱护他让他多休息。南老师说他是从一些学生实际表现中体悟出这种道理的，有几个学生能力好智慧高，就是身体太弱，常生病，只好任他多休息了[32]。

三、敬鬼神而远之（《论语·雍也》）

这句原文是：

樊迟问知。子曰："务民之义，敬鬼神而远之，可谓知矣。"

对于《论语》这段话，南老师解说得很精彩。他说，孔子也不排斥宗教鬼神的事，只是认为“天道远，人道迩”，鬼神是属于天道的范畴，离我们很远。人活在世上是“人道”问题，“人道迩”是切近我们生活的事，包括政治、经济、教育、军事等都是人道的事，不可以鬼神为主，所以要“敬鬼神而远之”。

“敬鬼神而远之”这个原则很重要，是一个大问题。试看中国历史、西方历史，政治与宗教几乎没有分过家。从中国的秦始皇算起，直到汉高祖、汉武帝、唐太宗以至宋、元、明、清，几乎没有一个皇帝不与宗教发生关系，不管他是信仰或反对。西方呢，更严重了，远的不说，就从十字军东征算起，一直就是“宗教战争”，为宗教信仰而打仗。直到现在，西方的宗教冲突不断。中国古代民间也有一些因宗教产生的冲突，自东汉三国时的黄巾军，到元朝的白莲教，近代的如红灯照、太平天国、义和团等运动，都同宗教有一定的关系。

四、乐水和乐山

《论语·雍也》接着有段话：

> 子曰：“知者乐水，仁者乐山；知者动，仁者静；知者乐，仁者寿。

前两句一般人的理解是：有智慧的人喜欢水，仁慈的人喜欢山。南老师认为这种解释大错！像鳗鱼、泥鳅、乌龟等喜欢水，难道这些水生动物是“智者”吗？猴子、老虎、山羊等喜欢山，难道这些山栖动物是“仁者”吗？这种解释显然不通。

他认为，关键在这两语的断句应为：“智者乐，水”，有智慧的人是快乐的，像会流动的水一样活活泼泼。“仁者乐，山”，仁德的人是快乐的，像山一样宁静、坚固、崇高。老师这解释是对的，因为后文“知者动，仁者静”

就是很好的注释。一般人的误解，是因为“望文生义”[33]。

五、束脩不是肉干

《论语·述而》有段话：

> 子曰：“自行束脩以上，吾未尝无诲焉！”

朱熹解释：“脩，脯也。十脡为束。古者相见，必执贽以为礼。束脩，其至薄者。”这是说，凡是学生拿了10条（一束）肉干（腊肉）当见面礼的，孔子都愿收他为学生。

南老师认为，自古以来把这段做这样的解释，实不合理！孔子有3000名学生，那么变成送来3万条腊肉了，放也没地方存放，孔子岂有如此收礼的？况且像颜回这般穷学生，自己连吃饭都成问题，哪来10条腊肉送给老师呢？孔子不但教他，还认他是最得意的门生呢！所以，自朱熹以来的解释是错的。

他认为关键在这个“自行”一词上。“自行束脩”就是自我检点约束一下自己，来见老师要有礼貌的意思[34]。

宋儒的功过

南先生认为，现代之所以演成“打倒孔家店”，宋明的理学家应负百分之百的责任。甚至明朝之所以灭亡，也是理学的责任。他这一观点和判断，涉及中华文化今后发展的严重问题，我应本于学者良知，在此宜作一较详细的疏解。

先看南先生一段批判得最严重的话：

到了宋代，当时有所谓五大儒者，包括了朱熹等五个人，他们提倡新的观念，自认为孔孟以后后继无人，儒家的学问断了，到他们手里才接上去。这中间相隔差不多一千年，不知道他们在哪里碰到孔子和孟子，就一下子得了秘传一样，把学说接上去了，这是宋儒很奇怪的观念。然后他们就批评各家都不对，创了所谓理学。不过有一点要注意，我们现在的思想界中，理学仍然非常流行，有一派自称新理学，讲儒学的学问。但很遗憾，他们还不成体系，仍旧不伦不类的。至于宋儒的理学家，专门讲心性之学，他们所讲的孔孟心性之学，实际是从哪里来的呢？一半是佛家来的，一半是拿道家的东西，换汤不换药的转到儒家来的。所以，我不大同意宋儒。对于宋儒的理学，我也曾花了很大的工夫去研究，发现了这一点，就不同意他们。……宋儒借了佛道两家的学问，来解释儒家的心性之学，一方面又批驳佛道。其结果不止如此而已，从宋儒一直下来，历代的这一派理学，弄到后来使孔孟学说被人打倒，受人批评，宋儒真要负百分之百的责任。……尤其到了明朝末年，理学非常盛行，所以清军入关的时候，很多人对明儒非常愤慨，认为明儒提倡的结果是："平时静坐谈心性，临危一死报君王"，指责理学对国家天下一点都没有用。……不过话说回来，能够做到"临危一死报君王"已经很不容易了，但对于真正儒家的为政之道而言，未免太离谱了。[35]

以上一大段话，显示了南先生对中华文化爱之深，才对宋儒乃至理学界人士责之切。但依我浅见，南老师的终生研究特长在于"致广大"而不在"尽精微"，他所垂教的方针就像孔门的传统，重在个人品格学问的养成、实用和普及，并非注重高深理论的探讨，故对宋儒乃至现代新儒家的一些扩大性谴责之词，也是在所难免的。

依我近年辛勤研究所得的管见，对于宋儒理学有关问题，可概括为四点。

1. 自宋儒的心性之学（理学）的产生而言，诚如梁启超所说的“宋儒自称直接孔孟的心传，不承认与佛学有关系，而且还排斥佛教。另一方面对他们反动的人攻击他们，以为完全偷窃佛教唾余，自己没有东西。其实正反两方都不对。”[36]宋儒正是受了唐代以后的佛教，尤其是禅宗的刺激而转向精研传统的儒家思想。某种思想受了另一种思想的影响而产生了另一种创新性的思想，这是“思想的会通”问题，是很正常的现象，也是人类文化融合的可贵方式。何况，文化学术思想是天下公器，根本谈不上谁“偷”谁的问题。

2. 宋儒真正贡献是建立了一套“心性之学”，也就是西方大哲康德所谓的“道德形而上学”。据现代新儒家代表性大哲牟宗三等人的论断，中国这套“心性之学”是超越西方道德哲学的，对世界的思想界将有重大的影响。他们是如何建立这套精深的学问的呢？主要根据就是孔子的“仁”论和孟子的“人性善”论以及“良知”论。所以宋儒自称“直承孔孟心传”并无错误。

3. 现代新儒家代表性人物，有梁漱溟、马一浮、熊十力、唐君毅、牟宗三、徐复观、吴汝钧等，他们的思想成就不但是宋儒的发展，而且融会了佛家、道家乃至西方哲学思想，成就卓著。其中唐君毅、牟宗三和吴汝钧的成就特别重要。唐氏的《中国哲学原论》六册，学界公认是“研究中国哲学的大宝山”。又有《哲学概论》及《生命存在与心灵境界》两大著作，把世界各派的哲学思想作了全面而深入的研究，而且把人类心智产出各种学问作了判教式的定位，这些作品都是超越前人的大作。牟宗三的学问特点是“深而密”，他不但对佛教的心性论有突破性研究，而且使中国心性哲学超越西方，这些精深的见解均可在他的《佛性与般若》《心体与性体》《中西哲学之会通十四讲》《圆善论》等巨帙著作中见到。最年轻的吴汝钧更是学贯中西，通晓中、英、德、日、梵、巴利6种语言，近年乃能写出《佛教的当代判释》《纯粹力动现象学》《量论》等巨著。尤其《纯粹力动现象学》是空前的“造论”之作，把人类全部思想学问融成一个完整的体系[37]。不过，应注意的是，南先生在1974年讲《论语》时，上述大部分巨著尚未推出，南先生未有机会看到，才有上引“但很遗憾，他们还不成体系”之言。

4. 正如所有的学问一样，有其成就必也有其副作用。历来对于宋、明朝大哲开出“心性之学”（理学）的批评，认为在经世致用方面有所缺失，我们应抱着同情理解的态度；若苛责过甚，乃至对“心性之学”作全盘否定，就不妥当了。尤其站在与世界哲学思想比较的角度，为中国固有的传统儒家思想建立一种世界独有的“道德形而上学”，这不但是值得中国人自豪的一件大事，而且在人类文化思想的发展上也有此必要。

综上所述，自宋儒到现代新儒家诸大哲，他们的成就绝对是巨大的。不过若与南怀瑾先生比较，两者的路线完全不同，贡献也就大异其趣了。南先生走的是普及路线，所以受他接引的人很多。新儒家的理论既深且精，只有积学持久深湛之士才能理解，但无论路线如何分歧，大家努力的大目标是一致的，那就是为了振兴中华文化。

附载

论 谥

谥是周代以后才有的制度，上古之世无之。例如三代之时，尧是陶唐氏，名“放勋”；舜是有虞氏，名“重华”；禹是夏后氏，名“文命”；而“尧”“舜”“禹”此三字虽有人说是他们的“谥”，也有人说是“号”，然而纵使是谥，也正如《太平御览》卷五六二所说，只是后世追议者，绝非当时的谥。

《通志》谥法绪论云：

> 以讳事神者，周道也。周人卒，哭而讳，将葬而谥。有讳则有谥，无讳则谥不立。盖名不可名，则后王之语前王，后代之及前代，所以为昭穆之次者，将何以别哉？生有名，死有谥；名乃生者之辨，谥乃死者之辨，初不为善恶也。

又《史记正义》谥法解云：

惟周公旦、太公望，开嗣王业建功于牧野，终将葬乃制谥，遂叙谥法。

根据这两种说法，合理的解释应是："谥"本是周朝人的风俗，因为周人生时虽有名，卒后则讳而不再用，为了辨别计，乃有谥，故谥即死后之称呼。武王定天下后，周公制礼，乃把谥法列入，而成为定制。自此之后，一直到清朝灭亡为止，谥法施行了三千多年。其间只有秦朝曾废弃过，但不旋踵间，秦历二世而亡，汉朝即恢复谥法。两千多年，虽经无数祸乱，谥仍行之不断，直到民国建立才废除了。

谥，诚如上引通志所说，原不过是为了"死者之辨"，初无扬善贬恶之意。但经过发展之结果，就变成了《大戴礼记》上所说的，"谥者，行之迹也"，"闻其谥，知其行"，乃为善善恶恶之具，成为一人"盖棺论定"的具体表志。对于这种作用，明人谢文祥的"申明谥法疏"说得颇透彻：

臣闻天道至公，圣人奉天亦至公，公者所以平赏罚而昭劝诫也。故公赏，则赏一人而千万人劝；公罚，则罚一人而千万人戒；检士行、扶世道、固国本，无不于是乎在。然则赏罚严也，可警于一时；赏罚重矣，难及于后世。圣人于是复制之谥法，以善善恶恶，所谓是非百年而后定也。

由是可知，谥的功用一如赏罚；赏罚施诸生时，谥则用于死后，两者固有区别，其为社会之警惕者则一。谢文祥这段话，应为历代对谥的代表性看法。

自周迄清皆有谥，惟每代之"谥法"皆未必相同。据《通志》所载，"上谥法"有神、圣、贤、文、武、成、康等百卅一个字，"中谥法"有怀、悼、愍、哀、隐、幽、冲、夷、惧、息、携、恤、愿、儆凡十四个字，"下谥法"则有野、夸、躁、伐、荒、炀、戾、刺等六十五个字。这些谥字均有一定的含义，例如"民无能名曰神"，"经天纬地曰文"，"慈仁短折曰怀"，"使民悲伤曰愍”，“恭仁短折曰哀”，“华言无实曰夸”，“好变动民曰躁”，“好乐怠政曰荒”，“去礼远众曰炀”，“不悔前过曰戾”，“不思忘爱曰刺”等均是。不过应注意者，每个谥字常不止一种意义，例如最有名的“文”字谥，除上述的“经天地纬曰文”外，还有“修德远来”“劝学好问”“道德博闻”“慈惠爱民”等十种含义。由是一个受谥的人，只要具备这十一种涵义中的一种德行，就有谥“文”之资格了。这些谥字之涵义解释，大抵每代相差不远，但每代实际用字却不一定相同，历代学者有关著述中的字数也有差异。北宋苏洵曾就历代学者著述加以整理，上述的上、中、下谥共二百一十字，就是他整理出来的。

至于谥的用字数，历代有变。大抵春秋战国时皆用一个字。例如周武王的“武”字即系谥，又如鲁臣公子驱谥“僖”而被称为“臧僖伯”，管仲谥“敬”而被称为“敬仲”等均是。汉以后仍多为一字谥，偶尔也有二字谥的。如汉开国功臣曹参谥“懿”，樊哙谥“武”，均属一字，而张良则谥“文成”二字。又如三国时代，诸葛亮谥“忠武”，法正谥“翼”，费祎谥“敬”，庞统谥“靖”，赵云谥“顺平”，黄忠谥“刚”，马超谥“威”，张飞谥“桓”，关羽谥“壮缪”，均多为一字，间用二字者。到了唐代，二字谥渐多，例如尉迟恭谥“忠武”，李靖谥“景武”，李绩谥“贞武”，均是二字谥；与李世民作对的元吉却获恶谥为“刺”。宋代二字谥已比一字谥多，例如王安石谥“文”，黄庭坚谥“文节”，苏东坡亦谥“文节”，包拯谥“孝肃”，范仲淹谥“文正”，都是广为人熟知的。

明清两代谥字的多寡，法有定制。据《明史·礼志》载；亲王例用一字，郡王二字，文武大臣同否由皇上裁定，而对皇帝之谥则有用到十七个字之多者。终明之世，获谥“文成”之大臣仅有刘基和王守仁两人，谥“文正”则有李东阳、方孝孺等五人，可见明代“文成”两字最尊，与清代尊“文正”有所不同。清制谥法与明代差不多，据《清史稿》礼志载：亲王例用一字，贝勒以下及文武大臣均用二字，郡王多用二字也间有用一字者。

赐谥有一定的程序。清制赐谥，大抵先由侍读拟定八字或十六字，交给大学士选出其半，最后呈由皇帝裁夺。但有所限制的是：“文正”两字最崇，臣下不得拟呈，须出自皇上特恩。又武臣非武功彪炳不得拟“襄”字。故曾国藩获谥“文正”，左宗棠获谥“文襄”，皆得来非易。

至于何人可谥，亦代有差异。古礼原为“无爵者无谥”，大抵汉代以前，除君王、后妃，以及皇亲国戚外，一般大臣必须生时获有公、侯、伯、子、男之爵位者方得谥。自唐以后，谥的范围扩大，不但一般文武大臣得谥，且“养得丘园，声实名著”的社会贤达也有谥。明制，太祖时文臣不得谥，武臣非有侯伯之爵者亦无谥；成祖以后渐滥，不但谥及文武大臣，甚至有及方士者。清制嘉道以前，谥典甚严，往往官至一品依例可谥尚且不谥者。咸丰之后，因地方官吏死难甚多，封疆大吏上疏请谥，乃较宽。

劳政武　撰

附注

① 全文见《论语别裁》附一。此文亦载于《中国文化泛言》增订本第3页，东方出版社2016年版。

② 见《论语别裁》上册第125页，台北老古文化公司2016年版。

③《论语别裁》1976年5月结集出版。详情可参南一鹏著《父亲南怀瑾》（上册）第283—288页。

④ 见《史记·太史公自序》。

⑤ 见注②书第5、200、249页。

⑥ 同前书，第249页。

⑦ 参考页码以上注②书版本为准。在非此版本中，大概可在各篇之前文找到。

⑧ 见注②书第13、14、60页。

⑨ 同前书，第169—170页。

⑩ 同前书，第11、12页。

⑪ 以上四点内容，主要参考吴汝钧《儒家哲学》第11—14页，台湾商

务印书馆1998年版。

⑫ 可参牟宗三《圆善论》第142页以下，台湾学生书局1996年版。唐君毅《中国文化之精神价值》第49页以下，正中书局1994年版。徐复观《中国人性论史》第84页以下，台湾商务印书馆1999年版。吴汝钧《儒家哲学》第18页以下。

⑬ 牟著《圆善论》第142—143页。

⑭ 唐著《中国文化之精神价值》第53页。

⑮ 关于“人文精神”可参见徐复观“原人文”一文，载其《中国思想论集》第235页，台湾学生书局2002年版。又：“中国与西方的精神文化比较”，详见拙著《现代佛学别裁》第32页以下；上海古籍出版社版《佛学别裁》第7页以下。

⑯ “五利使”详见拙著《现代佛学别裁》，台湾学生书局版第273页以下，上海古籍出版社版第186页以下。

⑰ 见《论语别裁》附二“孔学新语发凡”文。

⑱ 同前书，第202页。

⑲ 同前书，第326页。

⑳ 同前书，第671页。又参考《春秋左传》庄公九年纪事。

㉑ 同前书，第227—229页。

㉒ 此文亦收在《古今法律谈》，净名文化中心2013年修订版。

㉓ 参《论语别裁》第187—190页。

㉔ 同前书，第434—436页。

㉕ 同前书，第481页。

㉖ 关于“三智”，有意深研者可参见牟宗三《佛性与般若》一书第一章第二节。台湾学生书局1993年修订版。

㉗ 见《论语别裁》第547页。

㉘ 同前书，第184—186页。

㉙ 同前书，第406—410页。

㉚ 关于冯道和岳飞，详见同前书，第384—386页，第653—654页。

㉛ 见《论语别裁》第 33—35 页。

㉜ 同前书，第 219 页。

㉝ 同前书，第 299 页。

㉞ 同前书，第 324 页。

㉟ 同前书，第 105—106 页。

㊱ 见《梁启超集》第 210 页，中国社会科学出版社 1995 年第 1 版。

㊲ 关于新儒家人物、思想成就的大概，可参见吴汝钧《儒家哲学》一书。

第六章

净名路线

——南怀瑾先生的佛家思想与行证

“净名”是维摩诘的中译名，又名维摩、无垢称等。他是佛陀的居家弟子（居士）。著名的佛经《维摩经》，就是以他为中心而开展各种深奥义理的经典。可以说，维摩是佛门中最伟大的居士，因为他德行高超、知识广博、智慧玄远，连佛陀也常请他帮忙教导其他弟子。因此，最能代表居士佛教思想的，就是《维摩经》了。

我在《现代佛学别裁》一书的后记中曾指出："近半个世纪以来，佛教大兴于台湾，宏观以言，可分为三大流派（弘法路线）：一为纯学术路线，代表者就是牟宗三、唐君毅和吴汝钧等先生所传承的系统；二为纯宗教路线，代表者为"四大山头"（佛光山、法鼓山、慈济功德会、中台山）；三为居士禅路线，代表者即为南怀瑾先生。此三派并非互相排斥，而是各尽所能地分头"弘扬佛法"，本章主要阐明南先生在这方面的贡献。

何谓"净名路线"

"净名"是维摩诘的中译名，又名维摩、无垢称等。他是佛陀的居家弟子（居士）。著名的佛经《维摩经》，就是以他为中心而开展各种深奥义理的经典。可以说，维摩是佛门中最伟大的居士，因为他德行高超、知识广博、智慧玄远，连佛陀也常请他帮忙教导其他弟子。因此，最能代表居士佛教思想的，就是《维摩经》了。

佛陀在世时，信奉佛教的徒众已有七类（七众）：比丘、比丘尼、式叉摩尼、沙弥、沙弥尼，优婆塞、优婆夷[①]，前五类为出家人，后两类称为居士、女居士，即在家弟子。据经典记载，早在佛陀亲自传教时已有许多居士弟子，第一位居士是长者耶舍子，他的母亲则为第一位女居士。但在佛教发展的初期，即大乘佛教兴起以前，佛门仍是重视出家人的，几乎所有的经典都是针对出家人而说法。在家人的信仰者只算是陪衬而已。大乘佛教则相反，其目标就是度尽世间的有情众生，这就是从小乘的“出世目标”回到“世间目标”，自然就重视在家人的信仰了。

大乘之所以倾向在家主义，应与其来源有密切关系。大乘原出于“大众部”，此部本来就是与社会大众接触较密切，与“上座部”一味孤高在寺院中修行者不同。又佛灭后约 150 年，孔雀王朝统一印度，阿育王大力推行佛教，在各地建造大量的佛塔，看护佛塔的都是在家居士团体，由是产生佛教深入民间的深远影响。这种背景下产生的大乘佛教，在家居士的兴盛是自然的。

佛教传来中国后，最初 400 年信仰者也是以出家人为主，但到了南朝（宋、齐、梁、陈），居士极为风行。梁启超曾列举当时许多名门贵胄或文名满天下之士，多为居士者，如王导、庾亮、谢安、王羲之、习凿齿、陶潜、昭明太子萧统、齐竟陵王萧子良等皆是。最有名的大居士就是梁武帝。唐朝以后，禅宗流行，禅宗从来就不分出家和在家者，故禅门的居士更多。

近现代佛教亦多居士，如杨文会、欧阳竟无、梁启超等人皆为居士。

但居士皈依的佛教不一定是“净名路线”，如现代的海峡两岸暨香港及海外华人聚居的地区，居士形态的佛教团体很多，其中信仰净土宗的恐怕占大多数，属于禅宗而以《维摩经》为宗依的，应该就是南怀瑾先生开创出来的。

反过来说，同为禅宗，不一定都是居士佛教。隋唐时，佛门分为很多宗派（通说为八宗：天台、华严、法相、禅、净土、密、律、三论）。这些宗派都是出家人的宗派，不过有许多重要的信徒是当时的达官贵人或名士。宋代以后，除了禅宗一枝独秀继续发展之外，其他宗派不是消失就是没落了。其中，净土宗在民间虽依然盛行，但在“禅净合一”的潮流中大抵可归入禅宗。这样发展到现代，绝大多数的寺院都是禅宗的传统。例如台湾最负盛名的佛光山，其开山大和尚星云大师就是禅宗临济宗的第四十八代弟子。

早在 1940 年，南先生在四川结识禅宗大师袁焕仙先生，不久即拜他为师，并筹建“维摩精舍”，编撰《维摩精舍丛书》②。后来，他以“净名盦”

为署名发表许多著作。2004年他迁居太湖畔七都镇庙港，住宅也称为“净名兰若”。凡此足证，南先生对维摩大居士至为崇敬，可以说以《维摩经》义理为宗依的禅法，正是南老师终生弘扬的佛法主调，故我把此主调定位为“净名路线”，应该没错。

《维摩经》探微

南先生师承袁焕仙先生而进入佛门，所遵循的就是“净名路线”，也就是与《维摩经》所说的义理有最密切关系。如果要究明南先生的佛教思想，就必须从这部佛经入手，方克有济。

《维摩经》在佛教数以千计的经典中，既特别又重要。所谓“特别”，是指它的义理跟其他经典大不相同，这正是本节将要探究的。所谓“重要”，此经是中国第一位大翻释家鸠摩罗什所译[3]，不但文笔优美，而且罗什还亲自作注解。尤有甚者，罗什的首席弟子僧肇也为此经做注解，净土宗创始人慧远大师、天台宗智颤大师、三论宗吉藏大师，这些中国佛门顶级高僧统统为此经疏解，由此足见此经是何等的重要。以下分四点说明本经义理之要旨[4]。

一、本经大意

大居士维摩诘道行极高，为佛陀所敬重，佛陀身边的弟子也常受他开示教导。他居住在毗耶离城闹市，也有妻子眷属，但一切都是为了方便度化人间社会。他甚至入酒肆、赌场、妓院，为的是诱度愚蒙。他交往极广，上至国王、下至平民，无不对他敬重有加。他常用“示疾”（宣布自己身体生病了）的方法度人无数。因为他病了，就有很多人来问安，他便趁机宣说佛法，数以千计的人便因此而得阿褥多罗三藐三菩提（正等正觉）了。

《维摩经》主要内容，便是记载一次他刻意向佛门示疾的事。佛陀知他病了，连续指派舍利弗、目犍连、须菩提、富楼那、迦旃延、阿那律、优波离、罗睺罗、阿难、弥勒菩萨、光严童子、持世菩萨、善德菩萨 10 位高足和 3 位菩萨前往问安。但他们皆表示不能胜任，因为每位都曾听过维摩居士说法，境界太高了。他们都知，此行并非纯粹的请安，而是要借机同大居士讨论高深义理的，他们自忖应对不了。

最后，佛陀指派境界最高的文殊师利菩萨前往。文殊菩萨诚知大居士得道甚深，此行任务艰巨，但还是答应前往。大群菩萨、小乘修行人、佛门弟子和天人等听说文殊师利前往问疾，都争相跟随，想听听深湛的佛法。

于是，两位佛门修行最高的大士便展开交谈，其内容深奥、过程精彩。其中最特别的是关于“不二法门”问题之诠释。

二、何谓“入不二法门”

本经卷六载有“入不二法门品”，详细说明“不二法”的义理以及如何进入“不二法”之门的道理。这是本经的高潮，也是佛教其他经典所没有的，故是本经的最大特色。其内容大要如下：

首先，维摩诘大居士对追随文殊菩萨来的一大群佛门菩萨、子弟，提出一个重要的问题：“什么叫作‘菩萨入不二法门’？请各位根据你自己的意愿答复吧。”

有 30 位菩萨逐一回答了这个大问题。例如第一位法自菩萨答复：“生、灭就是二法，了知法的本身无所谓生，也无所谓灭，这是无生法忍的境界，就是进入了不二法门。”再如第十位师子意菩萨答：“有漏、无漏是二法，若了解所有的法都是平等的空性，就不会生起漏或无漏的念头了，这便是入了不二法之门。”又如第二十八位宝印手菩萨答：“乐涅槃、不乐世间就是二法，如果不乐涅槃也不厌弃世间，就是进入不二法之门了。”

总之，30 位菩萨的答复从不同的角度来说明“入不二法门”，维摩大居士对他们的答复都不予否定，这就表示同意大家从不同角度之解释了。但他显然不认为这些解释是最高境界的，所以接下来他便直接问文殊师利菩萨的看法。文殊答复的原文是这样的：

> 于一切法无言无说、无示无识、离诸问答，是为入不二法门。

这段话的意思是：对于事物的追究，超越了现象，达到了实相境界；这境界是不能以语言描述的、知识所不达的、不能以问答方式探讨的，这样就是进入了“不二法门”。

然后，文殊菩萨反问维摩诘，引出了一段精彩的经文：

> 我等各自说已，仁者当说，何等是菩萨入不二法门？时维摩诘默然无言。文殊师利叹曰：善哉，善哉！乃至无有文字语言，是真入不二法门。

（笔者译：文殊菩萨向维摩诘大居士请教：我们都回答了，也请您说说什么是“不二法门”吧！维摩诘默然不说一句话。文殊立刻悟了这个“圣默然”的深刻玄理，赞叹地说：好啊！好啊！离开了文字语言，才是真正的“不二法门”境界!）

这是著名的“圣默然”玄理。前面文殊菩萨表示过“超越语言文字，才是入不二法门”，但他所谓的“无言”依然是靠语言说出来的；故维摩诘的默然才是真正的“无言于无言”，是最高的表示方式。文殊菩萨之所以赞叹，道理在此。这种玄理境界，佛经常见两句话加以描述：“言语道断，心行处灭”——这境界是言语不能描述、思维所不能触及的了！

如前所述，《维摩经》是鸠摩罗什大师翻译的，他及其高足僧肇均有注疏。兹再引师徒二人对“不二法”的解释，有助于读者更了解此深奥问题。

僧肇解释：

> 言不二者，无异之谓也。即是经中一实义也。一实之理，妙寂离

相，如如平等，亡于彼此，故云不二。

（笔者译："不二"是什么意思呢？就是"没有分别"的意思，佛经中讲的"一实"就是没有了种种分别思虑的意思。这"一实"的道理，是离开人所能认识的现象，处在一种玄妙寂静的境界，它就是"如如"的自身，再没有彼、此，长、短，高、低，好、坏等相对观念的分别，所以称为"不二"。）

人类为什么有"二"的观念？鸠摩罗什大师这样解释：

什曰：有之缘起，极于二法。二法已废，则入玄境。

（笔者译：鸠摩罗什大师说：世间万事万物的存在（有）必定基于两极性的相对观念，例如"有、无""多、少""爱、憎""上、下""前、后"等就是二法，即两极—相对的观念，如果把我们人思想中的相对观念除去了，就进入了玄妙的境界。）

罗什大师这段话牵涉极深的哲学观念。据我研究，宜通过德国哲学家康德的知识论才易理解。康德认为，外界的万事万物之所以能被人类认识，是因为我们天赋有"感性""知性"两种机能的缘故。"感性"的机能对外界的东西，在时间和空间的条件下，能感觉（直觉）到，只是"杂多"（所与），即一团不可名状的东西；而我们的"知性"机能天生有十二种范畴（如全称、特称、单一性、肯定、否定等等）。一套上感知的"杂多"，就成了我们能认识的对象。总之，人能感知外界的东西，是感性和知性合作之结果⑤。人都以"二法"（如多、少，好、坏，善、恶，有、无，高、低……）的观念来看待世界万物，就是我们自身的范畴机能的作用，而绝非外界存在的"东西"本来就是这样"二元"的。

据此来理解罗什大师所谓"有之缘起，极于二法"，其深义就是如此，存在（有）的东西，必然有相对的二元性，这"二元性"实在是出自人的天然主观结构（范畴），并非外界存在的本来就是二元性的。既然"二元性"（二法）只是来自人的主观结构，我们有此觉悟当然便能除（废）去了，就是可以修养到“不二”的境界，即进入玄妙之域了。

三、尽无尽解脱法门

《维摩经》卷十一“菩萨行品”载此解脱法门，应是本经“入不二法门品”之后的第二特色，但一般论者似乎不大注意。本经之所以称为“不思议经”，就是因为有此门的内容之故。

所谓“尽、无尽解脱”，是指菩萨应“不尽有为、不住无为”而言。见僧肇疏解原文：

> 有为虽伪，舍之则大业不成；无为虽实，住之则慧心不明。是以菩萨不尽有为，故德无不就；不住无为，故道无不复。至能出生入死，遇物斯乘；在净而净，不以为欣；处秽而秽，不以为戚；应彼而动，于我无为。此诸佛平等不思议之道也。⑥

这段文字不难懂，不再逐句翻译。兹分析其深义：

1. 不尽有为

这个“尽”字应作“断绝”解，故所谓“不尽有为”，就是指菩萨的实在作为要适合普通人住的世间（有为法），而不是断绝俗世的。本经为解答这个问题，详细列举了43条实际的修行作为，兹举数例以明之：

> 不离大慈，不舍大悲。
> 教化众生，终不厌倦。
> 于诸荣辱，心无忧喜。
> 不轻未学，敬学如佛。
> 以智慧剑，破烦恼贼。
> 行少欲知足，而不舍世法。
> 不坏威仪，而能随俗。

善别诸根，断众生疑。

心无放逸，不失众善。

2. 不住无为

舍离世间之法就是“无为法”，如佛教修行人“空”“无相”“无我”“无生”等境界就是无为法⑦。菩萨的任务是救世人出苦海，故自己不可以一味待在无为法的安乐涅槃境界。本经亦列出15条不可住无为的实际行为，在此亦举数条以明之：

修学空，不以空为证。（为证，指住在涅槃不管世事）。

观世间苦，不恶生死观。

观于寂灭，而不永寂灭。

观于无漏，而不断诸漏。

观无所行，而以行法教化众生。

总括上引各条，可见多有吊诡性的语言的意味（下详），难怪此经是天台大师智顗最重视的经典，更难怪南禅诸大师向来多喜引本经的语句以阐明禅的境界。南怀瑾先生一生许多奇言妙语，也可从本经找到其义理的根源。

四、吊诡式思维

“吊诡”一词出自《庄子·齐物论》，意思是不可思议之奇异。《维摩经》全经各品遍布着一些吊诡的语句，故此经文又有《不可思议解脱经》的名称。所谓“不可思议”，是指这些吊诡的语言不能用我们平时惯用的思维逻辑来理解，这些语言把事物的正反面之特质合并等同而说，表面看来有极大的逻辑矛盾，让常人看来根本是不通、奇怪的说法。其实，这些语言内里藏着深厚的人生智慧、洞见。本经吊诡语言，除上节所引以外，各品尚见下列重要语句：

不断淫怒痴，亦不与俱。(《弟子品》)

僧肇解释：大士观淫怒痴，即是涅槃，故不断不俱。

不灭痴爱，起于明脱。(《弟子品》)

僧肇解释：大士观痴爱，其相即是明脱，故不灭痴爱而起明脱也。

若求法者，于一切法应无所求。(《不思议品》)

僧肇解释：若欲求者，其唯无求，乃真求耳。

淫怒痴性即是解脱。(《观众生品》)

(笔者释) 这个“即”字，不是“相等”的意思，而是“不离”的意思，这是从修行方面来说的；能了悟淫怒痴之性质的，就是有了解脱此种烦恼的智慧。唐君毅先生对此问题有详论。⑧

若菩萨行于非道，是为通达佛道。(《佛道品》)

僧肇解释：处是，无是是之情；乘非，无非非之意；故能美、恶齐观，履逆常顺，和光尘劳，愈晦愈明；斯可谓通达无碍平等佛道乎！

从上列例子可知，所谓吊诡语言，是把两个相对性（或相反意义）的观念并在一起，西方哲学称为“背反”。对此问题有精深研究的吴汝钧教授指出，在中国佛教天台宗的“圆教”义理中，背反观念的突破是最重要的修行功夫，如智顗大师强调的“一念无明法性心”，“无明”与“法性”（佛性）是相对的观念，前者是吾人迷执的根源，后者是吾人觉悟的根源，但两者同时存在于吾人的一念之中，这就是背反的存在。对于这种存在，智顗大师举一个著名的竹与火的例子作譬喻：

竹有可燃性，两者连在一起不能分离，这是“合”；但两者又有对抗的性质；一旦可燃性变为真实的火，会反过来烧毁竹子，这是“反”。人的道德上的“善、恶”也一样，两者总是关联在一起，又互相排斥，恶存在于善的推翻中，善存在于恶的推翻中；但“恶”的本身不能推翻“善”，“善”自身也不能推翻“恶”，因为两者在“存有论”上是对等的，具有相同的力量，吾人不能离开恶去求善，也不能离开善去求恶，因为两者同时存在吾人生命中，离开任何一方，生命便无从说起。

要拆解“背反”，只能诉诸实践，就是进入“不二法门”，从根本观念（一念）上突破这个背反，让善突显超越出来。智顗大师在其巨著《摩诃止观》卷五中认为：

> 凡心一念，即具十界。一一界悉有烦恼性相、恶业性相、苦道性相。若有无明烦恼性相，即是智慧观照性相。何者？以迷明，故起无明。若解无明，即是于明。大经云：无明转，即变为明。净名云：无明即是明。当知：不离无明，而有于明。如冰是水，如水是冰。

（笔者解释）在一般凡人的心中，只要起一个念头，便有生起10种境界的可能性；所谓“十界”是指：欲界六道（地狱、饿鬼、畜生、阿修罗、人、天），小乘二道（声闻、缘觉），菩萨、佛，总共10种迷悟的境界。每一个境界，都会有烦恼、恶业、苦痛等念头。如果出现无明烦恼念头，不要怕！凭着这个不好的念头就可以用作智慧观照的对象了。为什么呢？因为我们的心灵处在“迷”的境界，就成为“无明烦恼”了。用智慧来观照这“无明”，就像开了亮光去观照暗的房间一样，黑暗（无明）立即解除，整个房间变成明亮了。《大般涅槃经》说：“把无明（黑暗）翻转过来，立即就变为光明”。《维摩经》（净名经）也说过“无明即是明”，这句话是什么意思呢？我们要知道这个深湛的道理：光明是由黑暗转出来的，如果没有“无明”也就是没有“明”。就好比是水和冰的关系，水会结成冰，冰也会化成水，故两者是二而一、一而二的“不二关系”。

深察上述的“不二法门”义理和吊诡式思维，我们就能领悟到，天台宗的智者大师为何这般重视《维摩经》了；我们也能了解到，南老师的“净名路线”之思想根源了，他为何常说“不二法门”的原因了。

禅宗义理大意

我既然把南怀瑾先生定位在走“净名路线”的禅宗大师，《维摩经》的大概义理既如上节所述，那么本节就必须略说禅宗的有关义理。唯有这样，才能有助于全面究明他的佛教思想。

禅宗既不重义理又重义理。何以言之？所谓“不重义理”，因为禅宗着重在开悟功夫的教法，禅师以各种灵活的“因机施教”以接引门徒，使人直接“自悟本心”，故禅宗在实际的功夫上不重佛教义理的知解。但禅宗依然是佛教，所重的“功夫”或“施教”背后有一定的道理，绝非随意乱来。这些道理便是佛教的各派义理。职是之故，禅宗自古有诫言：“通宗不通教，开口便乱道。通教不通宗，犹如独眼龙”，通宗就是指禅门的功夫，通教则为佛教的义理，必须两者兼顾，方可有成。亦职是之故，本节专就义理方面立言。

一、了解佛经义理的方法

佛教典籍逾万卷，真是汗牛充栋！一个人若皓首穷经地钻研，恐怕历数世也看不完，看完也不一定了解它的真正意义，更不要妄想记住其全部内容了。据我一辈子的读书经验，有一个解决的窍门，就是先从弄清楚佛经义理的系统入手。

如何弄清楚其“系统”（system）？

若直接去看佛经很难卒读，则应先找名家有关著作来看，而且要尽量多地找几家著作比较。虽然名家著作的内容不一定可靠，但借助他们的研究成果，就很容易掌握其中的系统要领了。

所谓“知识学问”，就是对其系统的掌握而已。这种道理，是我早年就读法律专业时悟得的。试想，一个国家从中央到地方的法规数以千计，每种法律又有许多条文，谁能记得住每一条条文呢？然而，法律有严格清楚的系统，如宪法系统、民法系统、刑法系统、程序法系统、行政法系统、商事法系统、军法系统等等。经过大学四年学习掌握了各系统的要领，遇到实际案件，如某人杀了人，立即就知道这是刑事案件；又如某人欠债不还钱，立即知道这是民事案件；前者应到刑事系统的法律里去找寻详细的解答，后者应到民事系统去弄清楚。又如某个公务员不请假外出，用公款喝酒，还酒醉打人，就知道此案牵涉行政法中的公务员法（不假外出喝花酒）、刑事法的贪污（用公款）及伤害（打人）等法律了。法律实际用法，详见拙著《古今法律谈》。在法律这一知识领域是如此，其他如医学、工程、化学等知识领域也一样，就算无所不包的哲学也有其系统可循，佛学当然更是如此了。

南老师曾引明末清初大儒顾炎武的话：“佛教如两桶水，倒来倒去而已。”这话的意思是说，佛教的经典虽然很多，但所说的义理很少，每部经典的内容大多是重复的。浅见以为，亭林先生此言未尽对，应改成“佛教如三桶水，倒来倒去”才是。因为佛教的义理很多，小乘与密宗且不说，在印度的大乘佛教传来中国已是三大系统：空宗、有宗、如来藏。这三大系统的义理相互“倒来倒去”，那就变成无穷多了，如俗言“三三不尽，九九无穷”是也。

佛经虽然如此浩繁，只要依上述方法先究明其系统，就不难读懂。唐君毅先生对此问题有心得，他曾比较儒、道、佛三者的经典何者更难读，结论是：佛教经典虽然很多，涉及的名相（专有名词）很繁，表面看似乎极端难读，但如果能循着次序逐步去了解，其实并不难。相反的，中国的儒、道家经典，文辞虽简约得多，涉及词语也少得多，表面上似乎很易读懂，其实不然，正因为文辞太简约，除非你玩熟了这些语句，并加以前后文乃至同其他经典对照参考，否则不可能了解其真义；所以不能像读佛经那样，只要耐心循序渐进就能读懂[9]。由唐氏此言，也可复按南老师的《论语别裁》用“以经解经”“经史合参”的方法，确是成一家之言的卓见了。

二、大乘三系义理和中国佛教

大乘经论虽多，若从义理上分别，可分成三大系统：

1. 空宗。《般若》类经论，如《心经》《金刚经》，龙树的《中论》等均属之。所谓“空”，指宇宙万事万物无“自性”（没有永恒不变而又特殊的本体）。空的义理源自佛陀的“缘起”论，所以此宗实是全面发挥佛陀的思想，故为佛门普遍而根本的义理。

2. 有宗。《解深密经》《摄大乘论》《唯识三十颂》等唯识经典均属之。需要注意的是，有宗与空宗并非相反的义理，其区别在于：空宗强调万事万物的自性为“空”，有宗也承认此观点，但其强调的却是“万法唯识、一切唯心”，一切东西都是心识变现出来的，事物存在的根源是在人的“心识”中。总之，空、有二宗基本立场是一致的，都是以“空、无自性”义理来发挥佛教的缘起思想，但两者强调的重点却有区别：空宗强调“空”义理，有宗却强调“心识变现万物”的义理[10]。

3. 如来藏。《胜鬘经》《楞伽经》和《大乘起信论》等经典均属之。又《涅槃经》中的“佛性论”亦属此系统的思想义理。此系思想主要认为：有一客观存在的“如来藏”（清净心、佛性），这是吾人可以修道成佛的形而上基础（超越根据）。此宗虽亦出自印度，但不如前二宗兴旺。传入中国后，却大受欢迎。为什么中国人喜欢这系统的义理？原来是它与儒家“人人可以为尧舜”及“人性善”思想相符顺之故。

上面大乘三系义理的佛经传入中国之后，逐渐形成了中国佛教特有的“宗派”[11]。最重视义理思想研究的有三派：天台宗、华严宗、法相宗。天台宗为智𫖮大师所创，他以《法华经》等经典为根据（宗依），创造出中国佛教登峰造极的“圆教”理论。华严宗则由贤首（法藏）、澄观、宗密诸大师所创，此派以《华严经》为宗依，并取《大乘起信论》的义理接通之。

《华严经》在印度原属有宗系统，为唯识宗的“六经十一论”中的一经。贤首大师深研这一系统的经典，创造出“法界缘起”的庞大理论体系。至于法相宗，即印度原来的“有宗”所移植，中国传承创始人为玄奘大师及其徒窥基。只因唯识义理重心识百法的细密分析，又重逻辑推演，中国人传统心灵素喜“大而化之”的境界，故厌此宗思想太烦琐，此派未传三代便湮没了。宋代以后，中国的唯识经典竟然也多不留存了。直到清朝末年，才由杨仁山居士等人从日本请回很多唯识经典。近百年来，此宗有了惊人的发展：在国际上有俄国著名佛教学者舍尔巴斯基（F.I.Stcherbasky，1866—1942）著作了《佛教逻辑》等有关唯识思想的大作。中国有熊十力的《新唯识论》《佛家名相通释》大著行世，近年更有吴汝钧贯通东西方知识论的《量论》一系列大作出版⑫。

三、禅宗的义理

现存有关禅宗义理的最早文献是唐朝宗密的《禅源诸诠集都序》⑬，其内容就是禅门所依据的各派教理者，因为禅宗的性质本来就是与天台、华严、法相等教派大不相同，但它仍然是佛教，故如何把各教派的思想义理接通到禅宗去，这就是“教、宗相通”问题，所以宗密这文献十分重要，凡深研禅门义理者莫不以此文为最主要的根据。以下简述其内容。

宗密分析了当时（唐朝）的修禅者有四个从浅到深的不同层次：

外道禅：此禅的特征是“带异计之欣上厌下而修行者”，即在修行人心中先有一计虑想象的境界，并钦羡之，从而对世间产生厌弃。

凡夫禅：此禅虽然没有上述的“异计”，而且对因果报应也有正确的信仰，但其修禅善行是为了获得好报。希望好报而行善，等于使自心分歧为二截，自不能真正定心在善行上了。一般凡夫正是这样。

小乘禅：虽已悟得“我空”，但未悟得“法空”，这是偏空（法有我无），不是真空。

大乘禅：能悟得“我、法皆空”道理者，才是大乘禅。此禅又分为三个层次，而分别与上述大乘三系义理思想相对应：

1. 息妄修心宗：此宗所依的义理主要是上述的“有宗”，即唯识法相思想，宗密称为“密意依性说相教”。

2. 泯绝无寄宗：此宗所依的义理主要是上述的“空宗”，即般若系统的思想，宗密称为“密意破相显性教”。

3. 直显心性宗：此宗所依的义理主要是上述的“如来藏”，即佛性、如来藏清净心思想，宗密称为“显示真心即性教”。他说这种禅才是“最上乘禅”，其实因他也是华严宗的五祖，这种禅即以华严宗思想为义理依据。

牟宗三先生融会宗密和天台宗法登的观点，对于各教派的义理如何应接禅宗各派问题，有独到的卓见[14]。他认为，慧能创造的南禅不属于宗密所列的三种大乘禅之内，如是成为大乘四种禅宗了，各自接通不同的教理思想：

1. 密意依性说相教（即天台宗判教中的始别教，以唯识义理为主），应与息妄修心宗相配。这种禅，即北宗的神秀禅。

2. 密意破相显性教（即天台宗判教中的通教，以般若义理为主），应与泯绝无寄宗相配。这种禅即牛头法融禅。

3. 显示真心即性教（即天台宗判教中的终别教，以华严宗义理为主），应与直显心性宗相配。这种禅即神会禅。

4. 天台圆教（即天台宗判教中的最高圆教），应与慧能之南禅相配。这种禅即圆悟禅，或圆禅、圆顿禅。

第四种“圆顿禅”，也就是从慧能一直传到现代南怀瑾先生所弘扬的禅法。

我为什么要费这么多文字来说明，自唐朝到现代禅门各宗义理的根据？因为这个问题非常重要，绝大多数的修禅人根本不了解“教”，开口便“乱道”了，如是贻误众生不浅！禅宗以不受一切经教义理束缚为标榜，所重的是应机工夫性质的修行。然而，只要有助于修行开悟的，却也可随便引用所有的经教，如此一来，一些浅见之人就很易堕入“狂禅、野狐禅、枯禅、魔禅”中去了。因此，究明本宗各派所依的经教是很重要的。

诚如牟先生指出，禅宗向来自称“教外别传”，常遭人误解，以为禅宗是在“佛教之外”可成之者。此言的正确说法应是“教内的教外别传”，禅宗仍然是佛教，其义理都有经典之根据的。“教外别传”这句话只是表示不像其他教派注意在义理的推演，却重在实践而已。冯友兰对“教外别传”之言也有卓见，他说禅法仍是佛法，不过是“形而上学负的方法”，故不是“教外”别传，而是“教上”别传，即禅宗仍立在佛教义理的基础上来谈修行者⑮。

四、南禅的特质

南禅就是上述由慧能祖师所创的圆禅，这是中国 1000 多年来禅宗的主流，也是自宋代以来中国佛教的主流，近代风行到全世界。诚如唐君毅先生所说，禅宗六祖慧能在佛教义理上，是创造性“新的综合”——把印度原有的“般若精神”（即以龙树为代表的空宗思想）、当时中土创立的宗派（天台、华严宗）义理，以及中国传统儒、道两家均重视的“人的本心”精义，融合在一起。慧能所开创的禅门，日后成为中国佛学的主流，绝非偶然⑯。

那么，慧能六祖所创的圆禅特质是什么呢？依我之浅见，简析如下：

1. 圆禅的主旨：直接从一切法的本源——我们普通人的“心”入手，去求解脱，所谓“直指人心，见性成佛”，故禅宗又名为“心宗”。所谓“一切法”，就是人心所认识、所感知、所想象乃至所期望的一切东西，也称为宇宙万物（物质的）万事（非物质的）。这一切东西是离不开人心的⑰。尤其人的痛苦、快乐，更明显是吾人心中的感受，完全不离人心。

禅宗就是教人直接从我们的“心”下功夫，能了悟而且把握得住心中不被一切法羁绊缠缚的“性”（又称自性、本性），就是达到修行目标了。这种功夫，称为“明心见性”。

2. 所谓“心”，是指一般的人心，不是指“清净心”。否则，就变成上述的神会禅了。这种心就是天台宗说的“一念三千”或“一念无明法性心”的凡人一念心。

3. 所谓“性”（又称自性、本性），是指吾人心灵的一种空灵境界，即契入“无善无恶、无净无染”的心境，即超越任何东西的境界，即“不二法门”。《金刚经》所谓“应无所住而生其心”，就是这境界。这种境界是吾人的心体最上乘性质，就是“毕竟空”之境。

4. 问题是，偶尔或短时“见性”并不难，如何把握住心中的“性”，长时间都“无所住”，是很不容易的事。吾人的心一刻不停地攀缘着各种境界在动，这就是所谓心念（念头），即使是睡眠时也是动个不停（做梦也是心念）。据《仁王经》载：人的心一念有九十刹那，一刹那有九百生灭：即一念有八万一千生灭。由此可知，心念变化是不可捉摸的，把握住“性”的境界真是何等困难！南禅功夫便针对这里而着力了。

5. 慧能祖师教人的功夫详见《坛经》，其要旨可概括为“三无”（无念为宗、无相为体、无住为本），以及于一切法不取不舍的游戏三昧。对此问题，吴汝钧教授的专著有详说，可供参考。他特别指出“游戏三昧”在慧能禅的重要性；这是一种整全的“禅实践”的精神活动，不能截然地把“游戏”与“三昧”分成两段来理解；游戏是指禅的动感，三昧是指禅的静感。“游戏”是禅修者在世间进行自在无碍的教化、转化功夫，“三昧”则是游戏的基础，即以专一的坚强意志，把游戏贞定下来，不使之泛滥；亦即在禅修人的“游戏”中，“三昧”早已隐伏在其精神内，发挥着它的殊胜力量了。⑱

6. “游戏三昧”就是实践不取不舍的“见性”的最重要功夫性的概念。《坛经》有段话详细解释此事：

> 若悟自性，亦不立菩提涅槃，亦不立解脱知见，无一法可得，方能建立万法。若解此意，亦名佛身，亦名菩提涅槃，亦名解脱知见。见性之人，立亦得，不立亦得；去来自由，无滞无碍；应用随作，应语随答；普见化身，不离自性；即得自在神通，游戏三昧，是名见性。（顿渐品第八）

7. 正因为需要针对这“平常心”下功夫，而每个人的性情禀赋见识均不同，所以施教的方式方法不能相同；所谓“应机发药、法无定法”，就是此意。换言之，禅宗的施教修行方式极灵活，可应用一切方法，又不受一切束缚；对“明心见性”有帮助的，什么方式都可以用，如打手势、斗机锋、参话头，乃至棒喝等；对“明心见性”无帮助的，均可摆脱，如诵经、拜佛、打坐等均可抛弃，后世禅师甚至主张可以苛佛骂祖。

8. 禅宗以“不立文字”标榜，其实有关本宗的文字最多。具有代表性的著作为北宋延寿禅师的《宗镜录》，100 卷，此书宗旨标榜“举一心为宗，照万法如镜”，引用各种经论达 300 部，取各宗各派的精义，来证明“心”的问题。后代大禅师有关导引弟子的“公案”等著作更多了。尤有进者，慧能祖师也从未提倡“不立文字”，他甚至苛责这种主张与“谤经”罪障相同（《坛经·付嘱品》）。由此可见，禅宗不是不讲经论，更不是“无法可讲”，只是不受任何经典法门的缠缚拘束，所谓“道须通流，心不住法；心若住法，名为自缚”（《坛经·定慧品》）是也！

五、结语

禅宗虽然只注重“因机施教”的功夫，但仍然是佛教，因禅门各派所依的理论又有不同，所以是很复杂的，要弄清楚有关联的理论（教门的思想义理）很不容易。故本节不惮繁难，从佛教的三个系统义理说起，到传入中国后形成的各派（天台、华严、法相），到当时禅门与各派教义想融接的大概，最后才简要地阐明慧能祖师创立的圆禅的义理。我希望如此能有助于读者清楚了解禅门义理的来龙去脉，更是为了确证南怀瑾先生的佛法思想是有坚实基础的。

最后，我还要说说“游戏三昧”，因为这是禅门工夫的核心问题。我想起当年在南老师身边，常听他说什么“玩玩”，与建金温铁路有关民生福利那么大的事，他也说过“玩玩”，创办儿童读经班这般有深远意义的事，他也说是“玩玩”；其他的小事，如教学生打坐、做生意等，他更常说那是“玩玩”的了。当初我听此言，莫明所以，正正经经的事岂可“玩玩”？很久以后我才悟得，他所说的“玩玩”正是游戏三昧，正是慧能祖师的“不舍不取”圆禅功夫之真传！

附注

① 佛门七众是受不同的戒而定的，详见拙著《佛教戒律学》第七、八章。

② 此书 1944 年在成都刻成，1970 年在台湾老古文化事业公司初版。

③ 鸠摩罗什（343—413），详见拙著《现代佛学别裁》第 345 页以下，台北老古文化公司发行。上海古籍出版社《佛学别裁》第 241 页。

④ 所据版本是鸠摩罗什译《维摩诘所说经注》单行本，台北新文丰出版公司 1998 年印行。

⑤ 关于感性和知性义理，可参牟宗三《中西哲学之会通十四讲》第十一讲以下，台湾学生书局 1996 年版。

⑥《维摩诘所说经注》单行本，第 297 页僧肇注文，台北新文丰出版公司印行。

⑦ “无为法”详见拙著《现代佛学别裁》第三章“大乘百法”节。

⑧ 参唐君毅《中国哲学原论》卷三第 394 页，台湾学生书局 2000 年版。

⑨ 见前书，第 200 页。

⑩ 熊十力认为，空宗与有宗最根本的差别，在于双方对“依他起性”的说法是相反的。空宗认为，事物的“依他起性”即为缘起义，此义即为“空”，这是遮诠（否定）的说法。有宗则反是，认为“依他起性”在于成立法相，而不是为了否定法相。故其“种子”理论成了构造论，而不是对事物的遮诠。熊氏此说，甚值参考。见《新唯识论》上册第 234 页以下，台北文明书局 1991 年版。

⑪ 关于中国佛教宗派问题，详见拙著《现代佛学别裁》第十章。

⑫ 舍尔巴斯基《佛教逻辑》中译本，中国社会科学出版社2009年版。

⑬ 宗密（780—841），华严宗第五祖，又师承禅宗神会，是跨两宗的高僧。他见禅门之徒互相诋毁，乃撰《禅源诸诠集》100卷，正文已佚，现仅存序文（都序）。此文收在《大正藏》第48册第397页以下。

⑭ 参牟宗三《佛性与般若》下册第1039页以下，台湾学生书局1993年版。

⑮ 冯友兰《贞元六书》下册第946页以下，华东师范大学出版社1996年版。

⑯ 唐君毅《中国哲学原论》第304页。

⑰ 认为山河大地等一切客观事物与人心无关，佛教则认为这是错误的倒见。要领会这问题并不容易，若有康德哲学的基础知识，当有大帮助。

⑱ 吴汝钧《游戏三昧：禅的实践与终极关怀》，台湾学生书局1993年版。又参《禅的存在体验与对话诠释》第67页，台湾学生书局2010年版。

第七章
功成身退
——南怀瑾先生的道家思想与修持

儒家的本旨就是要建立并维持一个有道德、重礼义的社会。因为这样一个的社会，任何正常的人都是向往的。人类社会，小至家庭，大至国家，甚至扩充到国际，都需要有道德、重礼义之质量。故南老师将儒家比作粮食店，洵属贴切，在此毋待赘言。

南怀瑾先生在他的代表作《论语别裁》中指出：儒、释、道在中华文化里，好比是三个大店：

> 佛学像百货店，里面百货杂陈，样样俱全，有钱有时间，就可去逛逛。逛了买东西也可，不买东西也可，根本不去逛也可以，但社会需要它。
>
> 道家则像药店，不生病可以不去，生了病非去不可。生病就可比变乱时期，要想拨乱反正，就非研究道家不可。道家思想，包括了兵家、纵横家的思想，乃至天文、地理、医药等无所不包，所以一个民族生病，非去这个药店不可。
>
> 儒家的孔孟思想则是粮食店，是天天要吃的。“五四运动”的时候，药店不打，百货店不打，偏要把粮食店打倒。打倒了粮食店，我们中国人不吃饭，只吃洋面包，这是我们不习惯的，吃久了胃会出毛病。

他的观点，亦成一家之言。我经长期研究，如果从三家本身的性质来立论，似宜调整为：佛家是药店，道家才是百货店。至于儒家像粮食店，是没有问题的。何以言之？

三家店的性质

佛教的本旨很单纯，就是解脱众生的苦痛。从这基本宗旨出发，佛陀甚至有“大医王”之称。佛陀在世时，有人问了关于世界有尽或无尽的十四个问题，佛陀默然不予答复，这就是佛门有名的“十四难不答”。为什么不回答呢？因为这些问题与佛教的“解脱”本旨无关。这同孔子不答复人死后有无鬼神问题的道理一样，因为这问题与儒家要建立一个“礼义之邦”本旨无关。

怎样为众生解脱苦痛呢？佛教的路径与西方的耶稣教完全不同。耶稣教是要人信仰耶稣，耶稣会帮你解脱一切苦痛，所以说“信耶稣得永生”。佛教只是教导人怎样用自己的力量来解脱苦痛，我们凡人怎会有力量来解脱自己终生的苦痛呢？佛陀于是说出了种种道理来证明你自己确有这力量，又提出了种种解脱的方法。这些道理和方法很繁复，佛陀把它归纳为四条纲领(四谛)：“苦、集、灭、道”，只要你真心照佛陀的教导去实践，就成了①。我的意思是说，“四谛”所统摄的义理很复杂，阐明这些义理的佛教经典逾万卷，就此而观，像一个百货店，什么都有卖的；但若就佛教全体义理都是指向一个“解脱”目标而言，说它是“药店”较妥当。

儒家的本旨就是要建立并维持一个有道德、重礼义的社会。因为这样一个的社会，任何正常的人都是向往的。人类社会，小至家庭，大至国家，甚至扩充到国际，都需要有道德、重礼义之质量。故南老师将儒家比作粮食店，洵属贴切，在此毋待赘言。

道家的问题却复杂了。以老庄为代表的道家初旨，诚如牟宗三先生所说②，原与儒家思想一样，就是针对当时的“周文疲弊”而起，但两者却走了相反的道路。周武王灭纣建立周朝之后，所行的治国路线不再是殷代的崇尚鬼神信仰，而改采人文主义。周公制订了完整的礼法，所以孔子说：“郁郁乎文哉！吾从周”（《论语·八佾》）。但到了春秋末期，距周公时代已超过500年，礼法精神崩坏，渐渐变成了形式主义。有鉴于此，孔子才提出“仁”道精神，主张复兴周公的礼制。道家的方向却相反，他们虽然也认为周公的礼法很多已成了虚文，但反对受这些虚文的束缚，莫如追求个人自由自在的心灵解放为妙，故主张“逍遥”“齐物”“无待”地生活在世上。

由是可知，道家初旨也是很单纯的，但演变到后来就复杂了，到战国、秦、汉，民间的神鬼传说、神仙方术、巫术等民俗杂说因素都传了进来，比较正规的图谶、阴阳五行理论、黄老之学、河上公注《老子》等，都成了道家的内容。东汉末年出现的《太平经》，正如《后汉书》作者范晔（398—445）所说“其言以阴阳五行为家，而多巫觋杂语”。此书直接影响了道教创始人张道陵，现存他所著的《老子想尔注》，可清楚地看出张道陵不仅吸收了《太平经》及河上公的思想，又兼取了战国时代的神仙方术、养生术、阴阳五行学说、吐纳引导术等内容，乃使此书成为道教创立的要典。由此可知，道家的内容简直无所不包；这使人想起七八十年代一些大百货公司，卖日用百货、食品、家具，什么都有，还有专供小孩玩的奇幻屋、游乐场，甚至有吓人的鬼屋，等等。因此，我说道家像百货店。

还有一点应注意的，就是“道家”和“道教”两个名词要分清楚。依现代学术界通行的说法，“道家”只是指以老庄为代表的思想，是与“儒家”“佛学”相对的名词，这是狭义的讲法。而“道教”则指自张道陵开创的宗教，这宗教演变到后世有许多派，如天师道、茅山宗、丹鼎派、全真派等等，统统属于“道教”。但有很多书对“道教”则采广义的说法，兼指学术性的“道家”和宗教性的“道教”，南老师很多时候是采广义的说法。本书则不拘狭义或广义，只是“随文设语”，这是为了保持灵活性，读者通过上下文的文意，便可了解所指的确义。

南先生的道家背景

回顾南先生一生，拜过的老师超过 80 位，其中绝大多数是道家人物。以下依可靠的史料，作一概述。

一、杭州习武

1935 年夏天，南先生年 17 岁，首次远离家乡，到杭州的浙江省国术馆学习武艺[③]。中国传统的武艺，除了标榜佛教的少林派之外，大多有很深的道家色彩。再加上当时流行《蜀山剑侠传》等武侠小说，对青少年的影响无与伦比。少年的南先生最爱看这类武侠小说，后来他多次寻访“剑仙”，也就是受这种小说的深刻影响。南先生赴杭州习武两年，等于接通了他进入道家之门，奠定了今后的事业基础。

南先生到杭州的半年前（1934 年冬天），国民政府正展开“新生活运动”，以“三化”（生活艺术化、生活生产化、生活军事化）为纲领，以达全民“生活合理化”之目的。其中的“生活军事化”纲领便是积极提倡“文武合一”的教育，“浙江省国术馆”系“复兴社”所指挥。南老师后来与戴笠、葛武棨等国民党中央要人成为好朋友，而且到了成都不久即能挂上一个“军校教官”名义，在军校教武术，应与此有密切的关系[④]。

二、杭州访道

南先生在杭州期间，除了努力习武外，还热衷于访道寻仙，这种活动到 1942 年正式拜袁焕仙为师、皈入禅门才停止。本项略述他在杭州约三年间寻仙的有趣活动。

1. 访道不成初结佛缘

杭州庙宇众多，传说有不少高士藏身其中。浙江省国术馆附近就有一名胜“葛岭”，传说东晋时葛洪曾落脚在此炼丹。岭上还有抱朴道院，遗有炼丹台、炼丹井、初阳台等道教古迹。年少的南先生一心希望在岭上能遇到高人指点，练出天下无敌的本领，可以济世救民。结果，多次上山，都是乘兴而去，失望而回。有一次上山回来不久，在西湖边练拳，有位戴眼镜的僧人经过，见这名少年的拳打得虎虎生风，便好奇地问他练的是什么拳。南先生停下同他谈起来，谈得投机之余，僧人请他到庙里畅谈。庙在里西湖“闲地庵”，好个清净幽雅之所！自此之后，南先生常到这里与僧人聊天，还开玩笑喊他“四眼和尚”，教他打拳、练剑。和尚则给吃喝的，借佛书给南先生看，两人成了好友。和尚送了《金刚经》和一套禅宗的《指月录》给南先生，并教他看《金刚经》要一字字地念，不可浮面看过就算了。南先生回去后，果然照着做，颇有心得感悟。

世事真奇妙！南先生本意访道，却结了佛缘。

2. 史量才的道书

南先生同“四眼和尚”相识之后，还有更大的收获。原来“闲地庵”不是名山古刹，而是上海名人史量才的家庙。庙的隔壁是“秋水山庄”，这是史量才为他的二夫人沈秋水建的别墅。史量才（1880—1934），南京人，上海《申报》的老板。这张报纸是当时全国发行量最大的报纸，影响力很大。只是史量才敢于公开反对当时最高当局的“安内”政策，于之前半年（1934年11月13日）遭人暗杀。

史量才不但学识渊博，有财有势，而且在道家方面也有造诣，他的师父就是道家人物。他的家庙藏书很多，尤其道家典籍很多，而且秘本不少。南怀瑾先生常到这里阅读大量的道家书籍，简直是天赐良缘了。他还说过：“史量才大概没有想到，他收集这些道家书籍，等于为我准备的了”！南先生的道家知识根基，就是由此而建成的。

3. 学会养眼

南老师终生有一种简单而有效的眼神保养方法，我亲听他对学生说过多次，单独对我也说过，这是从杭州城隍庙一位老道士那儿学来的。

那时，南先生一心想学道，到处寻访师父。听人说杭州城隍庙住了一位老道士，有一特殊本领：二指一比，一道白毫光便射出，远远可取人首级！南先生想尽办法，终于见到这位仙风道骨的老道，立即跪下，恳请收自己为徒。老道士婉拒当师父，却被南先生的诚恳态度所感动，主动表示可教他如何看花，以作回报。南先生心想，谁不会看花啊？这种事难道还用教吗？

老道却说："一般人看花，或看任何东西，都是聚精会神地盯着看，这样把自己的精气神都倾泻到花上去了。这是大错！应该让花来看你。"

南先生从未听过如是说，便问："怎样让花来看我？"

"会看花的人，只是半觑着眼，模模糊糊地一瞥，这样就把花的精神'吸'过来了。不是用我的精神去注视花，而是把花的精神吸过来在我的心中。"老道说。

南先生听此言，如坠雾中，不知如何答复，只有听下去。后来他才悟出，所谓"花看我"，是一种视力的保养方法。老师多次教我们用这方法去看东西。尤其是看现代电子产品，电视、计算机、手机等，要十分注意保护自己的视力。老师常拿照相镜头对焦的道理做比喻："人的眼球就像镜头，不可把它调得太清晰锐利，只是蒙蒙眬眬地一扫，就看到电视了，这样才能保护视力。"南老师自己的视力就这样保持的，到八九十岁都不用戴老花镜。他是最爱看书的人，就靠此功夫保持下来的，这都是得自老道士的"叫花来看我"的教导。

后来，南先生坚持请老道士教自己剑法，老道劝他还是多读书为妙，"你剑法再高明，人家一颗子弹就解决了，学剑法有何用？"南先生不为所动，坚持要学剑。老道士只好告诉他："你在小说上看的剑仙，口吐飞剑，白光一道，取人首级，这种事不会有。剑仙虽有，但不是小说上所写的那样。如果你一定要学，自己先在晚上把房门紧闭，不可点灯，只燃一炷香在漆黑的房间中。然后，你用剑试劈香头，劈时只靠手腕用力，双臂不动。这样对准香火劈下去，不断地练，练到你能一剑劈开香头成两半就成了，这是第一步。接下来是练劈黄豆，一把黄豆抓在左手里，右手拿剑；抛一颗黄豆到空中，用剑对准一劈，到你能准确地劈开黄豆后，再劈绿豆。绿豆也练成了，再来这里教你学剑仙吧！”南先生心想这种练法要多少年才练好？一味劈豆子还有济世救人的时间吗？这才明白这条路走不通⑤。

三、四川访道

1937年夏，即在“七七事变”开始的前夕，年甫弱冠的南怀瑾先生自杭州到了四川成都，开始了他的文化基础养成的最重要阶段。这阶段到抗战胜利后，他于1947年回故乡为止，长达10年之久。

初到四川，他访道学剑的强烈愿望并未停止，尤其到了峨眉山。他之所以有如此愿望，是受当时流行的还珠楼主所著《蜀山剑侠传》《青城十九侠》等武侠小说的影响。以下是他为学剑仙所遭遇的事⑥：

1. 青城派道士王青风

南先生听人说成都附近的鹄鸣山住着一位王青风道士，是青城派剑仙，道行甚高，于是决心上山寻找。几次上山而不遇，最后终于见到了这位高人，并表达想学“金光一道”飞剑的愿望。王道士告诉他，世上并无“飞剑”的事，那只是小说的瞎写，但能“以神御剑”这种功夫却是有的，剑也是一种气功。两人认识之后交谈愉快。南先生多次上山向他讨教，关系也密切了。

有一次，南先生大胆请他表演“剑气”，王道士也不推辞，带了他的徒弟一起站在山头上表演了起来。道士举手一指，数米外的一棵松树竟应指而倒。童心未泯的南先生惊奇之余，还问他“为什么没有光？”道士说：“我早就说过，根本没有‘金光一道’这回事。”接着请徒弟表演，只见他用鼻孔吼气，周围地上的尘土竟然飞扬起来！

看过这次表演，南先生确信中华武术神秘莫测，真的可以练到出神入化之境。不过，与王道士深交之后，南先生也渐渐领悟到，任何功夫都要长期修炼才有成功的可能；如果想练成“剑仙”或“剑气”，恐怕要花一辈子的时间！何况在这科技昌明时代，任何传统武术也抵挡不了枪炮子弹。如果练功只是为了锻炼体魄，自己所知的也就够了。从此，南先生决定放弃做“剑仙”。

2. 武当派轻功

南先生在四川拜见的第二位奇人是一位武当派老先生，是由著名的“厚黑教主”李宗吾介绍的。李宗吾著有《厚黑学》一书，极尽嬉笑怒骂讽刺之能事，风行一时，流传至今。当时，他已在花甲之年，却喜同这位南老弟为忘年之交。他是四川南部自流井人，据他介绍当地有位武当派老先生，80多岁了，尽得武当真传，轻功尤其了得，已到了“踏雪无痕”之境界。原来老先生也是浙江人，正希望把功夫传给同乡子弟。于是，老少二人一见如故，十分投缘。南先生直接问他有无“踏雪无痕”这样的轻功？老先生立刻证实给他看。那时正好雨后初晴，外面道路仍泥泞不堪，老先生以轻功到路上疾行了一里回来，脚上穿一双白底新靴，靴底竟然没有沾上一点泥泞！南先生佩服极了。老先生说，这种功夫不难，只有七十二诀，归纳为七十二个字，一字一姿势，循序渐进，如愿在那里住三年，即可学成，问他想不想学。

南先生虽然很想学武当轻功，但怕在这个战乱时代，何能有三年时间？自己不能专心，到头来反而一事无成，只好婉拒。一心想传道的老先生颇为失望，就此拜别。南先生后来每当想起那位同乡老先生，总觉得怀有歉意。

3. 画符骗子

在成都时，南先生听人说有一个会画灵符的道长，便兴致勃勃地去拜访。见了面，开门见山地请道长能否实际地展示一下符的功力。道长没有拒绝，只是要他先到城北的一家布店，买多少丈的黑布，尺寸要齐足，回来才好作法。南先生照做了，把布匹交给道长，约好一个日子时辰，要道长表演。

是日时辰将到，南先生照约前往作法道场，已有许多人坐着参观了。只见场的四周，几根长竹竿高高挂起了那天买的黑布，中央摆个祭坛，蜡烛缭绕。道长脚踏七星，手持法器铿锵作响，口中念念有词。如是几番来回，他以朱砂笔画了一张大符纸，用桃木剑穿着，飞舞几回在香烛上点燃，口中大喝一声“急急如律令”！霎时着火的符纸点燃了四周高挂的黑布，熊熊烈火烧的四面黑布忽然出现了有如金笔龙蛇的符字，在空中飞舞，实在吓人！在场的乡民个个脸如土色，纷纷跪下，叩头如捣蒜，参拜道长不已。南先生看到此，一言不发，起身头也不回就走了。

南先生为什么如此？原来他一看便心知肚明，这是一场骗局，道长指定店里购买的那些黑布，预先用明矾或其他药物制作好，遇到火立即会出现短暂的符字。那间布店和道长根本是一个骗子团体。这种伎俩只能吓唬无知的乡民，岂能瞒得过南先生？后来，他常引这个骗人把戏为例，告诫同学们：江湖骗术很多，尤其是打着宗教名号的骗术，大家要有智慧才不会上当。如何才有智慧？根基就是行正路，多读书。

以上所述在杭州和四川的几个故事，除了史量才的藏书以外，其他都是有关道术的。南老师一生爱学道，无论是以老庄为代表的道学思想，或是江湖道术，统统爱学。以上几个故事，不过是列举而已。其他道术故事，散见老师数十部著述的有关内容。老师的著作之所以吸引大众，以有趣的故事来解说严肃的义理，也是重要原因之一。

四、拜胡庸为师

南先生之所以有大成就，除了天赋聪敏之外，就是他“见师就拜，逢人就学”的勤奋好学而获致的。他自从追随禅宗大师袁焕仙之后，对一般的道术就没有兴趣了，但对于有真才实学之士，只要他听人说到便积极追求不已。最著名的例子就是拜胡庸为师。

胡庸，字玉书，湖北黄陂人，书香门第出身。成年后冠参加辛亥革命，曾任孙中山大元帅府宿卫；历经北伐、抗战，官至少将旅长。为人淡泊名利，擅长《易经》术数、堪舆绝学，当代鲜有人能望其项背。1949 年后，独身蛰居在基隆陋室，靠卜卦为生，境遇清苦。南先生听人说了他的情况，立即前往拜访，相谈之后，一见如故，并待之以师礼。

后来，南先生同张礼文医生、画家夏荆山三人，依古礼正式拜胡先生为师父，并接来台北居住，向他学《易经》术数、堪舆，足足有三年。张、夏二人后来移居美国，成了当地著名的堪舆专家。1960 年，胡庸年届古稀，作了四首七言律诗以自寿，并寄给南先生欣赏。南先生赞叹不已，以原韵和了七律四首，并赠以厚礼贺寿。

以下仅录南先生其中的第三首，即可窥见对胡老师的道德才能是多么的敬重：

> 用舍行藏总是仁，天留绝学寄闲身；
> 阴阳象外疑无数，日月壶中别有春。
> 黑白楸枰都了了，纵横朝市看人人；
> 谩言今昔高轩客，多少亡秦不帝秦。⑦

关于南先生拜胡庸为师的事，我早年略有所闻。一位曾在台大等校任教的刘孚坤教授，大约在 1980 年对我谈起南先生，说他这个人“莫名其妙！居然跪在基隆码头向一位老先生叩头”。后来我才知道，他说的这位先生就是胡庸。当时我听了刘教授这话，也不好说什么，但心里直觉：“莫名其妙的人恐怕是刘教授你自己吧？”南先生恭敬对人叩头有何不对？原来刘教授是曹敏先生主持的“心庐”成员，此机构受王昇的领导。那时，我在办政论杂志《龙旗》与他们常有来往。我慢慢对刘孚坤有所了解，才知他是哲学家方东美的弟子，但性情太刚执，往往不究明事情的底蕴便下情绪化的结论。这种性格的人只会害了他自己，终其一生没有成家；虽然能在台大等大学教哲学、逻辑，但都是兼任，终生连讲师资格都没有。据他的好友承锡康先生⑧告诉我，曹敏、王昇等人很想照顾他，曾通过教育主管部门要他把一些著作送上去，通过审查程序，搞一个正式教授资格。谁知他勃然大怒：“我的著作，谁有资格审查？”想帮忙的人也只能顺其自然了。南师常说一个做人的哲理“性格决定命运”，真是一点也没错！

不过，刘先生对我却很好，大约 1997 年，他把方东美所著的佛学书（《华严宗哲学》《中国大乘佛学》《生生之德》等）整套送给了我，对我研究佛学颇有助益，直到今天我还是感谢他。

我为什么要提刘孚坤先生的事呢？近年来，我研读道家的典籍多了，乃了解道家有一个极重要的长处，就是教人如何适应环境、与人善处。因此，我常常想到，刘先生为人处世恰好就是道家“圆融”的反面教材，希望后世有才华而亢直之士以他为鉴。

弘扬道家的著述

从广义来说，南怀瑾先生几十本著述都可以说是弘扬道家的，因为他的著述特色就是把儒、释、道三大教融为一体了。若从著述的名称与其内容所表达的重点来说，则不宜采如此广义的观点。管见以为，下列著述才算是他弘扬道家的：

1.《禅与道概论》

此书早在1968年底即由台湾真善美出版社印行。此书是南先生将“道佛两家学术思想与中国文化”的讲稿，整理而成。成书之前，先在台北《大华晚报》上发表，读者反映很热烈。此书名虽以“禅”和“道”并列，但实际内容以讲道家的较多。

2.《静坐修道与长生不老》

此书1973年初版，是南先生三部代表作之一，对全世界求道修禅的读者影响很大。此书的内容虽以禅门的“七支坐法”为经，却是以道教的修炼观念为纬，故也算是对道家的阐扬。

3.《道家密宗与东方神秘学》

1985年出版，10年间印了十多版。此书内容仍以道家义理和修炼方法为主，谈到西藏佛教密宗的只是小部分。本书还有一大特色，即将道家易经与中医医理相结合。南先生以此为专题讲了9讲，所占篇幅也不少。

4.《易经杂说》

1987年出版。此书涉及易象、易数许多实际操演。前文说到南先生曾拜胡庸为师，胡先生正是长于此种术数的人，故本书的内容可能就是从胡庸那里学得的成果。

5.《老子他说》

南先生解说《老子》的全文，篇幅相当大。观其内容，大抵近似《论语别裁》，以“经史合参”及“以经解经”的解说方式行之。此书可说是南老师的道家思想之代表作，却有曲折而漫长的成书过程——早在 1987 年出版上集，迟至 2009 年才出版续集，何以如此？编者刘雨虹在续集的出版说明中有清楚交代。应一提者，此书的上集有“附录一”，载了 1973 年在湖南长沙马王堆出土的《帛书老子》甲、乙本全文与古本《老子》的对照表，有助于进一步研究。“附录二”载了“历代学者对老子研究书籍目录”360 条之多，亦可供参考。

6.《中国道教发展史略述》

1987 年出版。本书主要介绍道教的发展，以及道教复杂的派系。书末有一篇南先生亲撰的“推介中国传统文化主流之一的《道藏》缘启”，对于有意做深入研究者，不失为有益之指引。

7.《我说参同契》

此书源自 1983 年南先生在台北“十方书院”的讲课录音， 2009 年简体本出版，2016 年出版繁体本时，南老师已经逝世了。《参同契》是道教的重要典籍，是丹道书的鼻祖，内容以修外丹功原理和方法为主，部分内容涉及内丹（气功）的修法。历代注疏此书的人不少，南先生是依据清康熙年间朱云阳（元育）《参同契阐幽》版本讲述，再加上自己见解以发挥。发挥的方式，仍与《老子他说》或《论语别裁》相同，即旁征博引许多有趣的故事或诗词，以作解说，如此则提高了可读性。

8.《列子臆说》

此书也是源自 1982 年在台北“十方书院”讲课的录音，直到 27 年后的 2009 年才在江苏“太湖大学堂”补讲《列子》全文，次年推出简体本。

《列子》一书，在唐玄宗时代被尊为重要的道家经典，且改名为《冲虚真经》。到了北宋景德年间，加封为《冲虚至德真经》，明朝编修的《正统道藏》即以此名收入。此书的内容很有趣，通过约 100 个故事来阐明道家的高深思想，有些故事早已成为人人皆知的成语，例如“愚公移山”“杞人忧天”“歧路亡羊”“夸父追日”等。南先生无论讲课或著述，最擅长的就是以历史典故来叙述深刻的儒、释、道义理，所以他阐释《列子》当然是最精彩的了。

9.《太极拳与静坐》

此书是 2014 年南师的门人在他逝世后，整理遗稿而出版的小册子。内容记述当年南先生在杭州和四川练武、访道的大要，对各种功夫的道理解释得相当晓畅。

南师特重的问题

上节所列九部著述，除了《中国道教发展史略述》偏重于历史叙述外，《老子他说》及《列子臆说》两部则着重在道家思想的内容，其余六部均重在实际修炼之工夫；本章副题为“南先生的道家思想与修持”，无论想了解其思想或欲究明其修行功夫，均可在这些著述中获得圆满的解答，毋待我在此赘言了。但有几个特别重要的问题，是南老师的著述中常提到的，或是我在他身边常听到的，在这里提出来，供读者做进一步的了解。

一、乱世重道家的原因

南怀瑾先生在很多著述里强调，中国历史上每逢变乱时代，能够拨乱反正的，都是道家思想之功，都是道家的人出面救世的。等到天下太平了，才是儒家思想经世致用之时。他多次强调，这是中国历史的关键，也是一个不易的法则，中国的知识分子都要了解这一点。他举出许多实例，如商汤时的伊尹、傅说，周朝开国大臣姜尚，春秋时的范蠡，汉开国谋臣张良、陈平，三国时的诸葛亮，唐代的魏徵，明代的刘伯温，清代的范文程等都是道家人物，在乱世时出来平天下，天下太平了就“功成、名遂、身退”。

南老师只是指出这个历史关键，却从未谈到形成这个关键的原因何在。长久以来，我思索这个问题亦不得恰当之解释。近年来勤看牟宗三、唐君毅、徐复观和吴汝钧等名家大作，对此问题方有所悟解。

道家的“道”是什么东西？唐君毅先生解释它有六种意义之多（详见《中国哲学原论》），在此不详说。以下，只说说牟宗三先生的见解。

依牟宗三先生的说法，道家思想主要是通过“无”来了解“道”、来规定“道”之含义的，所以这个“无”是道家思想的关键点，我们必须先了解这一点。其次，再进一步了解，“无”又是什么意思？这是一个人生实践上的观念，也就是要去掉一切人为的、造作的东西。这些东西包括三个层次：第一层次是我们自然生命的纷驰，如七情六欲时刻困住我们的心灵，就是“生命的纷驰”；第二层次是我们心里的情绪，如人的喜怒无常等情绪；第三层次最严重，就是人们意念思想上的造作，现在称为“意识形态”，佛教称为“见取见”。人受这种思想系统的束缚不知造成了多少历史灾难，是最难解决的东西。道家的“无”就是要把这三层束缚人们心灵的东西统统去掉，这样才达到一个自由自在的“虚静”境界。

再进而了解，人处在这“虚静”境界，不是一直虚静下去什么都不做，而是自然会起“妙用无方”的作用。这种作用灵活地施展到各方面，就是不凡的智慧表现了。所以道家主张“无为”必定连着“无不为”——起着无限的妙用，才能应付千差万别的世俗。在社会大动乱时代，唯有具备这种“妙用无方”智慧的人，才能做出拨乱反正的大事，才堪当“王者师”。道家思想之所以称为“帝王之学”，关键在此！[10]

牟先生认为，历代最堪称“王者师”的人就是辅助刘邦打下天下又助他避免了许多治国险路的张良（子房）。张良自得道家老师黄石公教诲之后，能够“沉潜从容，灵府独运”，他外表像柔弱女子，实则“静如处子，动若脱兔，乃能运斯世于掌”。“静如处子”就是“无为”，“动如脱兔”就是“无不为”，运斯世于掌就是具有把世事看得一清二楚的智慧而能“妙用无方”了。

更难得的是，张子房立了如此大功，随后真正做到了“功成身退”，只想过自己爱好的修道岁月，绝不贪恋名位[11]。

黄石公《素书》有一段话，正是这些道家卓越之士的用舍行藏的最佳写照：

> 贤人君子，明于盛衰之道，通乎成败之数，审乎治乱之势，达乎去就之理。若时至而行，则能极人臣之位；得机而动，则能成绝代之功。如其不遇，没身而已。是以其道足高，而名重于后代。

我引上面的材料，即是证明：南怀瑾先生的“乱世重道家”之论断是对的，有历史依据。

二、反者道之动

“反者道之动”出自《老子》第四十章。这是道家思想的深刻启示，在黑格尔辩证哲学中也有类似的思想。南老师在世时常同我们提到这句话，在很多著述中也提到，可见他很重视这种思想。

欲悟解老子这句话的深刻原理，应参考《阴符经》。此书是1500年前南北朝时期的一位隐士所作，全文只有400余字（有一种版本只有300字），主要内容就是把老子“反者道之动”观念加以发挥。此书文约义深，概括性很强，自唐代以来就有百多家的注疏。注疏者往往从自己的专长来判定此书的性质：兵家说它是权谋之书，儒家说它是性理之书，道家说它是玄理之书，道教则把它列为内丹修炼的基本经典，可见此书的奇妙性了。

此书最突出之处，乃从事物的“反面”去阐明深刻的道理。例如它把“金、木、水、火、土”不称为“五行”，却从它们（相生）的反面（相克）称为“五贼”：

> 天有五贼，见之者昌。五贼在心，施行于天。

又如一般经典称“天、地、人”为“三才”，此书却称为“三盗”：

天生天杀，道之理也。天地，万物之盗。万物，人之盗。人，万物之盗。三盗既宜，三才既安。

南怀瑾先生常喜引用《阴符经》中的一段话：

瞽者善听，聋者善视。绝利一源，用师十倍；三反昼夜，用师万倍。

这是说，瞎子的听力会特别好，耳聋的人视力会特别强。人的某个功能失去了，其他功能却可能发挥出比常人大 10 倍的功力。对一个问题反复思考三天三夜，可收到比常人多万倍的效果。

除此之外，南先生喜引用唐朝赵蕤所著《长短经》第十三章“反经”，说明事物相反的道理，如：

仁者，所以博施于物，亦所以生偏私。
义者，所以立节行，亦所以成华伪。
礼者，所以行敬谨，亦所以生惰慢。
乐者，所以和情志，亦所以生淫放。
名者，所以正尊卑，亦所以生矜篡。
法者，所以齐众异，亦所以生乖分。
刑者，所以威不服，亦所以生凌暴。
赏者，所以效忠能，亦所以生鄙争。

仁、义、礼、乐、名、法、刑、赏等本是正面的事物，但用之不得其当，常常会走向它的反面。对于这种辩证原理，有道之士必须了解，这才是道家的圆融智慧。南老师最重视这种智慧，所以常常提到这些经典。他也常警告我们：学儒家的人易流为拘谨迂腐，学佛家的人易流为自高自大，学道家的人易流为怪诞诡异，千万不可走向反面。

三、讨厌邪门迷信

道家的内容庞杂无比，我在本章的开始时已说过了。因此南怀瑾先生认为，道家的流弊也很大，画符念咒、吞刀吐火之术，都变成了道家文化。更且阴阳、风水、算命、扶乩、养生、医药、房中术等民间俗信，几乎都算是道家的内容，如果不注意分辨取舍，问题就严重了[12]。所以，虽说南先生非常重视道家，但他重视的是老庄的玄远高洁思想；他也重视道教，但他重视的是正派道术，如唐宋间锺离权、吕洞宾、陈搏系统的道术，乃至元代以后的全真内丹派道教等。

相反的，对于旁门左道，南老师不但分辨力极强，而且十分讨厌。我在他身边曾亲见多次这种实例。很多远从台湾慕名想拜访南先生的道教徒，经通报是某某门派的，南先生必婉拒见面。有时某位老师熟知的学生未经通报便带了几个这种人来见面，老师一看便知这些人是邪门的，但碍于情面，当场不便峻拒，敷衍几句，想办法快速送客。那位未经允许便遽然带人来的同学，事后必被老师告诫一番。有一次我大胆请教老师："为什么您一眼就能看出这个人是修旁门左道的?"他说："你没见到他的眼神是在乱飘的，他的脸色不对，他全身在颤抖的吗?"我实在是无所见，只有惊叹老师的洞察力。后来我依理分析，老师的观人力，尤其是观察修道者，必然是极强的，因为他早年学道，拜过近百位道家师父，什么人没见过? 这方面的洞察力超乎常人是必然的!

鲁迅曾说过："中国根底全在道教，儒家在中国号称主流文化，其实影响面很小，只能左右一部分知识分子。中国文化的主要构成元素、对一般社会影响最大的，应该是道教。至于佛教则根本谈不上，仅有些浮面的光影而已。"鲁迅这种观点，并非恭维之辞，而是把中国社会之所以愚昧落伍的原因归咎于道教。他认为道教那一套装神弄鬼、炼丹画符等迷信，若不全部扫除，中国便无强盛的希望。[13]鲁迅的说法有偏颇之处。道教固有迷信成分掺杂在内，但更多的正面而优越的思想，岂可一棍子全部打翻！何况，如果说中国民间受道教影响既深且广，若全盘否定道教岂不是全盘否定了全中国的民间基层精神生活了吗？中国自清季以来积弱不振，因素很多，未可简化为一种，尤不能全盘归咎于道教。

四、功成身退天之道

《老子》第九章有道："功成身退，天之道"（另有版本写作"功成、名遂、身退、天之道"，还有古本写作"功遂身退，天之道"，意义不殊），这种人格修养，是南老师最重视的，他在很多著述中提到这句话。[14]其实，南先生本人就是这种精神的忠实贯彻者。自1988年到2012年他逝世为止，南怀瑾先生为了民族文化的复兴、国家的强盛，尽一己之一切努力，牵成了"两岸密使"的会谈，完成了金温铁路的建设，促成了"儿童读经"在全国的推广，更有数十种深入浅出的著述为复兴中华文化奠定了深厚的基础。贡献之大，很少有人能相比，但他绝对不居功，1994年他以"此生犹似巢空鸟，只合穿云望眼看"妙语来明志。2004年以后，为了加强弘扬中华文化的力道，不顾已近90岁的高龄，到江苏太湖畔创立"太湖大学堂"。南先生这一切实际的做法，完全证明了他真是一位"功成、名遂、身退"的实践者。

"功成身退"这句话，已变成成语，也是一些人自命清高的口头禅。其实，这句话所指的义理很深，没有极高的精神修养根本就做不到。何以见得？且从儒家和佛家思想来作印证，应有助于分晓。

> 孔子曰：君子有三戒：少之时，血气未定，戒之在色。及其壮也，血气方刚，戒之在斗。及其老也，血气既衰，戒之在得。（论语·季代）

"戒之在色"及"戒之在斗"文义很明，又与本题无关，在此不谈。何谓

"戒之在得"？指执着而不舍也。大凡一个人年老了，对自己花了一生所"得"的东西看得越来越重、看不开。南先生曾引小说《官场现形记》的一则故事：一位官员年老退休，但他的官瘾却越来越大，随时要威风，好像他仍然在做官。直到他临死躺在床上，进入弥留状态，依然自以为仍在做官，不肯合眼。于是，两个副官站在房门边，拿出旧名片唱名；一个副官念道："某某大员驾到！"另一副官唱道："老爷欠安，挡驾！"如是他听了很过瘾，才甘心闭眼，去了。小说写的并非夸张，很多有点成就的老人实情就是如此。南先生还举了一个实例，台湾有位老先生很有钱，存了很多美元。每天临睡前，他一定要把保险箱里的美元拿出来数一遍，然后才能安眠。又有一位老先生很有钱，但仍热心他的建筑事业。有人问他，年纪这么大了，还拼命赚钱干什么？老先生却说：正因为年纪大了才要拼命赚钱，如果不努力去赚，将来没有机会了！南先生举了这两个例子，感叹说："这是什么人生哲学呢？"[15]我也亲知谷正纲先生，年纪大时患了老年痴呆症，但每天总不忘上班办公事。他创办的救济总会只好布置一个办公室，每天由他批一些不是真的"公文"，维持了一段时间，到他逝世为止。由此可证，孔子所说的"戒得"太重要了，如果一位老年人真理解老子这句"功成名遂身退，天之道"，就真能"戒得"了。也由此可证，儒道两家在这种精神上是相通的。

佛家的"四无量心"（慈、悲、喜、舍）精神，也是同道家相通的，不过其相通的义理比较曲折，一般人不易了解。南传佛教有部著名的经典《清净道论》，记载一个这样的故事来说明"四无量心"：[16]一位母亲生有四个儿子，最小的还是在襁褓中的婴儿，次小的是体弱多病的幼儿，往上是已精壮的青年次子，最大的是已能自力谋生的长子。佛陀教这位母亲以四种不同的态度对待他们：第一，多照顾婴儿，让他稳妥地长大，这便是"慈"；第二，多帮助幼儿，让他解除病痛，平安成长，这便是"悲"；第三，多祝福次子，希望他永远保持精壮，这便是"喜"；第四，对长子不必再关心什么，更不要抱望他有所孝顺回报，这便是"舍"。最后这个"舍"的精神就同道家的"功成身退"或孔子所说的"戒之在得"相通了。事实上，"舍"最难，因为一般人舍得钱财、名位，还不算难；若要连亲情都舍得，那就太不容易了。

佛家原本理念就是舍割亲情而出家的，所以难度最高。

南老师早年以诗自述“不二门中我亦僧”（全诗见前文第四章第三节），他具有佛家的“空”解脱精神，所以能完全做到老子这句“功成、名遂、身退，天之道”。因而，他对这句话特别重视。

道家几个重点问题

2002年初，有一次他拿出一本题为《仙宗性命圭旨》的书，提示大家应该看看。后来，我购买了一本，勉强看了一遍，似懂非懂的。原来这是道教的书，有什么鼎炉、铅汞、坎离、降龙、伏虎、玄关、日乌、月兔、火候、黄婆、真土、婴儿、魂魄等等一大堆奇怪名词，也有佛教的“性空”和儒家的“仁道”思想。此书还附有多张古人画的图，其中第一张叫作“三圣图”，画的是太上老君（老子）、释迦牟尼（文佛）及大成至圣文宣王（孔子），图中有副对联：

> 具大总持门若儒道释之度我度他皆从这里
> 能知真实际而天地人之自造自化只在此中

并有大段题为“大道说”的解说文字，文中有道：

> 儒家之教，教人顺性命以还造化，其道公。禅宗之教，教人幻性命以超大觉，其义高。老氏之教，教人修性命而得长生，其旨切。教虽分三，其道一也。

显见此书是明朝以后所流行的“儒、道、释”三教合一之作，不过其主要义理仍是道教。

我当时也像其他的哲学爱好者一样，对于道家的措意，仅止于以老庄为代表的道家思想而已，对道教的经典是不理会的。如著名的哲学家陈荣捷（1901—1994）曾说过："道教事实上已经死了，没什么好研究了！"[17]这是学术界最激越之言。一般学者虽未如此说，但对道教典籍不屑理会，倒是普遍的态度。如果当年不是南老师提示要我们看《性命圭旨》，我应该一辈子都不会去碰道教典籍。

就是这段南老师提示的因缘，我断断续续地看了一些道教的书，但也未能潜心去作有系统的研究。直到最近五年我定居台湾桃园杨梅，生活较安定，计划写一本有关各种"修定"的书，才发心对道教的重要经典作全面性的详细研究；详细研究结果，才领会到，无论道家或道教，确有其不可取代的价值。以下分三项说明之。

一、道家的艺术精神

牟宗三先生认为，若把道家思想当作智慧看，它是人生的大智慧，可以在实际生活上受用。如把它当作一种学问看，那么它是一种"境界形态的形而上学"，这种形而上学与儒家、佛教，乃至西方哲学均不相同。所谓"境界形态"，相对的就是"实有形态"；西方哲学都是从实有的存在（物）来立论的，当然不是"境界形态"。儒、佛两家有境界形态性质，但不完全是；儒家追求的是道德，佛教追求的是解脱，"道德"与"解脱"仍属实体目标。道家呢，根本就无所谓"目标"，只是追求"逍遥""自然""洒脱""无为"等，这些词语只是意指吾人心灵的一种境界，所以称之为"境界形态的形而上学"。道家这种学问或智慧很特别，它的价值也就在这里[18]。有志于研究中华文化的人应特别注意这一点。

徐复观先生对此问题尤有进一步的卓见。他认为，老庄思想实际是一种最高的艺术精神，尤其庄子更是如此。他说：

若不顺着他到达的人生境界去看，而只从他们由修养的功夫所到达的人生境界去看，则他们所用的功夫，乃是一个伟大艺术家的修养功夫；他们由功夫所达到的人生境界，本无心于艺术，却不期而然地会归于今日之所谓艺术精神之上。也可以这样说，当庄子从观念上去描述他之所谓道，而我们也只从观念上去加以把握时，这道便是思辨的形而上的性格。但当庄子把它当作人生的体验而加以陈述，我们应对于这种人生体验而得到了悟时，这便是彻头彻尾的艺术精神。并且对中国艺术的发展，于不识不知之中，曾经发生了某种程度的影响。

徐先生这段话，我认为不但恰当，而且有多方面的实证。试看中国式的庭园建筑布局、山水画、音乐、戏剧，其高雅奇趣都在显出道家的高尚艺术精神。就我个人较熟悉的音乐来说，“高山流水”“平湖秋月”“霓裳曲”“鱼游春水”“雨打芭蕉”“阳春白雪”“流水行云”“彩云追月”“渔舟唱晚”“梅花三弄”“广陵散”等等曲牌，其平缓节奏，令人听起来心旷神怡的韵律，正是道家人生境界的写照；单看这些曲牌的名字本身，就含有道家返照自然的美妙风味了。此事还应反过来说，若一位艺术界人士，无论其为设计建筑师、画家、书法家还是音乐家，如果他具备道家思想，特别是庄子的境界，必可提升他的艺术精神。

南怀瑾先生的道家功夫甚深，道家的境界也自然而然地表现在他的诗作中，惜乎他从未明白道及有关艺术精神问题。特提出本项以作补充，亦忝为继先师之志述谛当之事也。

二、道教影响力的普及性

如前所述，鲁迅把中国之所以愚昧落伍，完全归咎于道教，固然是偏颇之论，但他认为“中国的根底全在道教”却是近乎谛当的。其实南怀瑾先生也作过类似的论断，他引证了清朝大臣纪昀（1724—1805）对道家的评语：“综罗百代，广博精微”，来说明道家思想包括了中国上下五千年的整个文化，“广博”是包罗极为广泛，“精微”是精细到极点，微妙到不可思议的境界[19]。

其实，要阐明道教的影响力如何广泛，用不着说高深的理论，只要检视一番影响中国社会大众的几部小说就清楚了。这些小说是：《封神演义》《西游记》《水浒传》《聊斋》。兹略分析如下：

《封神演义》俗称《封神榜》，成书于明万历年间（1573—1620），其作者是何人，有多种说法，通说是道教人士陆西星。此书是弘扬道教的最重要的小说，对中国民间俗信影响甚大，其影响力远远超过《西游记》。全书共100回，天上众仙、各界妖魔、凡间真实历史人物大合奏式的演出，形成一出庞大的神话浪漫戏剧。故事由商纣王（历史真实人物）题诗调戏女娲娘娘（炼石补天的大神）开始，千年狐狸精（妖怪）奉命下凡化作苏妲己，进宫媚惑纣王，作恶多端。于是，以姜子牙辅佐周武王（历史人物）伐纣的史实为背景，各路神仙、妖怪、鬼怪纷纷参与战争而斗法，由是演变得虚实交错、奇幻瑰丽，对儿童有极大的吸引力。这部长篇小说还创造出许多形象鲜明的神仙人物，如三太子哪咤、雷震子、土行孙、杨戬、元始天尊、鸿钧老祖、太上老君、妲己、闻太师、申公豹等等，都是民间妇孺皆知的。小说的结局是周武王大胜，姜子牙奉命对有功者封了365位正神。而姜子牙自己却没有神位，被周武王封为齐国诸侯（史实）。

《西游记》成书于16世纪的明朝中叶，一般认为其作者为吴承恩。此书是根据宋、元流行的取经故事，糅合了佛经故事和道教有关神仙妖魔传说汇成的。举凡《封神榜》上的重要理念、人物（太上老君、玉帝天尊、天王李靖、哪吒、二郎神杨戬、四大天王、廿八宿等），乃至佛经故事及佛教义理都被编排成系统的内容，使得此书奇趣无比；里面许多有趣故事，是民众耳熟能详的。然而，此书的性质为何？因为蕴涵的意义深远，所以历来有许多说法。古代的说法姑且勿论，现代有胡适把它定性为“现世主义诙谐小说”。鲁迅的观点也差不多，认为它只是“神魔小说”[20]。胡适、鲁迅二人可能不懂佛理之故，才有如此的浮面之见。

我的看法是，这部书以“三教合一”为内容固然不错，但它偏重在佛、道二教的较量，儒家思想只是轻轻带过。书中所有的神仙妖魔鬼怪，全属道教，这包括最高统治者玉皇大帝、王母娘娘、太上老君，到天庭众仙、凡间妖魔、四海龙王、阴间地府等，这个系统全是道教性质的族群。主角孙悟空原是一个妖猴，也属此族群。后练出超级本领大闹天宫，所有的天将天兵都莫奈他何，连法力最厉害的太上老君、王母娘娘、二郎神、四大天王都不是他的敌手，最后只有法力无边的佛陀才把他压在五指山下。这段故事岂不表明，道教对这个爱捣乱的同道妖猴全无办法，最后靠佛法才能制服得了？尤有进者，因为佛是慈悲的，所以500年后派观世音菩萨救出这猴子，度他入佛门成为玄奘法师的弟子。他保护唐僧往西天取经，沿路遇到九九八十一灾难，都是什么“洞”呀、什么“山”呀的妖怪造成的，这些专门捣乱的妖魔也都是道教的属类。最后取到佛经，妖猴也修成了正果。所谓“正果”就是佛教的品位，不是道教的仙人品位。由此可证，《西游记》这部小说的性质实以佛、道二家作全面的较量，最后是佛教取得胜利。但我在此强调的，不是佛、道二教的胜败问题，而只是要说明，因为这部书全面写了道家的人物等情节，也就等于弘扬道教了。

《水浒传》定型于明朝，一般认为是施耐庵所作。在中国古典名著中，《水浒传》最擅长于人物的刻画和市井百姓生活的描述，主要人物个性鲜明，各有特色。从整部书的结构内容来看，完全是笼罩在道教的“天机定数”中。一开始就说，道教的张天师冒失揭开了一块镇魔的石碑，一股黑气冲到空中，108名魔君分别降生到各地。后来，因宋徽宗这位道君皇帝信宠奸臣高俅，使得天下动乱，百姓生活艰困，魔君们以不同的因缘，聚会到水泊梁山。宋江乃建“罗天大醮”祭神，由道士公孙胜主持。一夕三更，天门忽开，一团火光坠落坛前土地里。宋江命人掘出一块石碣，刻有不可识的天书；请道士何玄通译出，原来是记录了三十六天罡、七十二地煞的名次！由是108位弟兄依天书所定的次序，正式聚义立寨。在聚义厅外升起一面书写“替天行道”的杏黄旗，以作对外号召的精神指标。

这个精神指标不是随便起的，是九天玄女授了宋江三卷天书，要他聚合108位英雄好汉“替天行道”。《水浒传》这种情节特色，显然可以追溯到东汉末年的黄巾军，其所循的道教思想，更可溯至东汉的《太平经》。[21]水泊梁山是道教本质的、在王法之外建立的世界。这种模式被后世洪门、清帮等秘密会党所仿效，对社会大众尤有深刻的影响。

《聊斋志异》，清康熙十九年（1680）成书，蒲松龄著。由491篇短篇故事构成，多属人与花妖、狐魅的恋爱故事。也有其他题材，如写恶鬼害人的“画皮”、好逸恶劳的“崂山道士”、兄弟之爱的“张诚”、朋友之义的“娇娜”、仗义行为的“仇大娘”、风水迷信的“堪舆”、斗蟋蟀悲喜剧的“促织”等等。作者的好友王士祯甚喜爱此书，题了一首名诗作序：

姑妄言之姑听之，豆棚瓜架雨如丝。
料应厌作人间语，爱听秋坟鬼唱诗。

此书各篇情节曲折，人物鲜活可爱，寓有高度艺术的浪漫色彩。清朝文学家纪昀说：“留仙之才，余诚莫逮其万一。”此书描写鬼、狐、精、怪，自是道教的根底，因其文笔极佳、说理醇正，情节感人，人物可爱，所以对世俗影响很大。在清朝当时已很风行，而且带动了撰写这类鬼怪狐魅小说的风气。例如，沈起凤的《谐铎》、袁枚的《子不语》、纪昀的《阅微草堂笔记》、宣鼎的《夜雨秋灯录》、闲斋氏的《夜谭随录》、长白浩歌子的《萤窗异草》等。此书在近代影响更广泛，有英、法、德、俄、西等文译本流传全世界，又有许多戏剧、电影传播更广了。

以上略述四部主要的古典著作，吾人当可明了，道教借这些小说，对社会大众的影响是多么大了！其他有关道教的小说很多，如《平妖传》《镜花缘》《白蛇传》等等，在此不详列。

三、养生的哲理和实践

道家思想的核心，就是要人摆脱外在的一切名、利、权、声、色等欲望乃至社会的礼法规范的束缚，如是就可过着自然的恬愉境界之生活。这种境界，唐君毅先生称之为“求自返于生命之核”[22]。他的意思是，吾人的生命可以不必依其他理由（如追求道德的完成、追求符合上帝的意旨、追求极乐世界的安逸、追求俗世的荣华富贵等等）而显出其价值或意义，因为“生命存在”本身就是价值，这个生命自己就能肯定这种核心价值的。这也就是人为什么会“好生恶死”的原因所在。其实不只是人，所谓“蝼蚁尚且贪生”，任何动物都一样，其生命的存在就是核心的价值了。人能体验这种价值，事实上就会进入一种超越现实俗世的恬愉境界。何谓“恬愉”？脱出了俗世生活的种种困扰和烦恼，是为“恬静”；使人悟得“天地与我并生，万物与我为一”（《庄子·齐物论》），是为“愉悦”。

记得 1995 年，听南怀瑾老师讲佛学。有位同学问老师：“人生有何意义？”老师说，这个问题首先要弄清楚，“人生”是指“生命”还是“生活”？如果是指“生命”，那就没有什么意义不意义了，因为“生命”的本身就是意义，生命就是为了生命，不能再有别的说法。如果是指“生活”，当然有“意义”的问题，比如你今天来这里研究学问，没有白过这日子，就是今天生活得有意义了。反之，你若整天无所事事、言不及义，就是活得没意义了。老师这说法，所谓“生命的意义就是生命的本身”，与唐先生所说“生命存在本身就是价值”其实没有区别。

“求自返生命之核”，即重视自己的生命，可以说是道家思想的核心哲理。这种哲理不是哪位哲人思辨出来的虚构理论，而是确有实证基础的，因为任何精神正常的人皆珍视自己的生命。这就像孟子所肯定人有“良知”（人性善）一样，是有“四端”实证基础得出的结论，不是纯粹由孟子思辨出来的理论。吾人如何发挥自己固有的“良知”？这就牵涉层层的功夫问题了。道家的如何“求自返生命之核”也一样，也是实践功夫的问题。如何实践？这就是道教之所以产生及其之所以成为中国一个大宗教的理由所在了。在这种“求自返生命之核”的哲理主宰下的道教，重视养生，亦属必然了。

谈到养生等问题，牵涉复杂，欲详究需另作专书，在此自无法细说。以下只提出三个重点，以供有志修炼者参考。

1. 外丹和内丹

所谓“外丹功”，就是以铅、汞、雄黄、白矾等矿物，放在炉火中烧炼，企图炼成“仙丹”，人服用了便能飞升成神仙。这种修炼法起源很古，春秋战国时代的方士就这样做了。东汉末年，张道陵创立了道教，炼丹成仙就成了本教的主要节目。但直到唐朝，经过了500年之久，从未见有成仙的实例。即使如此，东晋葛洪在其《抱朴子》中仍坚信炼丹成仙是可能的。到了唐朝，炼外丹企求长生不死的风气反而兴盛起来，包括太宗、宪宗、穆宗、敬宗、武宗、宣宗六位皇帝在内的许多名人，竟因服金丹中毒而死！其中最受后人讥讽的是太宗皇帝，他明白地说过：“神仙事，本是虚妄，空有其名”[23]可是他自己晚年也迷信“长生药”，结果服用丧命。直到五代末，道教内部才真正觉悟到“服金丹能长生”的想法是不对的，由是转到“内丹功”的路上。转变的关键人物就是锺离权（八仙中的汉钟离）、吕洞宾和陈抟（希夷先生）。发展到后来，宋、元道教的主流为“全真道”，分南北二宗；北宗为王重阳，南宗张伯端（紫阳真人）都是继承了“内丹功”的路向。一直到现代，道教除了一些旁门左道之外，没有不修“内丹”的。

其实，“内丹”早在汉代以前即有，如《参同契》虽以外丹为主要内容，也谈及导引、呼吸等内丹功夫，不过一直到宋朝以后，道教全面放弃了“外丹”，才是专重内丹而已。更重要的是，宋朝以后的“内丹”已不仅是道教传统的理念和功夫，而是全面吸收了佛家、尤其是禅宗的静坐修炼，再有在处世上又吸收了儒家、尤其是宋代新儒家（理学）的思想，这样便走上了“三教合一”之路。前文所述及的《性命圭旨》，就是三教合一的代表作品。

2. 内丹名词

应特别注意的是，“内丹功”依然用了“外丹功”很多的原有名词，如不先弄清楚，看道教的书会莫名其妙。例如：将人的身体叫作“鼎炉”，人的“精、气”为“药物”，用“神”（意念）运行呼吸（气）叫作“烧炼”，猛烈地呼吸是“武火”，柔和自然地呼吸为“文火”；“铅坎”属水，指肾的功能；“汞离”属火，指心念或心脏功能，以意念使水火相交就是“结丹”。如此之类的名词借用或譬喻言语，必须先弄清楚，否则必使人目眩心迷，因不知其所云而看不下去了。

兹举《乐育堂语录》先天水火章以明之：

> 修炼之道，莫要于水火……火何在？心中之性，性即火也。然性有二：有气性，有真性；气性不除，则真性不见，仍不免事物之应酬，一时烦恼心起，化为凡火，热灼一身，而真性为之消灭焉。故炼丹者，第一在凝神。凝神无他，只是除凡火，纯是一团无思无虑、安然自在之火，方可化凡气而为真气也。诸子打坐，务将那凡火一一消停下去，然后慢慢地凝神。……至于水何在？肾中之情，情即水也。然有妄情，有真情；二者不明，丹必不就。苟妄情不除，则水经滥行，势必流荡而为淫欲。学者欲制妄情，离不得元神返观内照，时时检点，自然淫心邪念一丝不起，始是真情。……此水火二者，为人生身之本，成仙作圣之根，切勿混淆而用，不分清浊也。

3. 重点在养生

内丹道强调的是“性命双修”，所谓“性”既指禅宗的“自性”，有时也指儒家的道德义理本体的“性”。所谓“命”指的单纯是自然生命的身体(形)。总之，内丹道强调以“性功”来炼心，以“命功”来炼形，等于把儒佛两家有关“性”的义理收为己用，再加上道家独特的修命功夫，这就是“三教合一”的做法。

所谓“修命”，就是养生。因而可以肯定地说，内丹道的重点在养生，与其他宗教最大不同之处也是养生，今天道家的真正价值也是养生。故如前面提到的陈荣捷说：“道教事实上已经死了，没什么好研究了”！他显然是不懂养生的，才会说出这样武断的话。

在前文（第一章二节）提到，因南老师严责我不会照顾自己的身体，以致常常生病，故从 1996 年夏天起，我长期做一套“九如操”，身体渐渐好起来，原有的痛风等疾病消失了。近年来看了许多书，了解了“吐纳”“导引”“六种气”“打通任督”等功夫，并试着融会到“九如操”有关操节中去，结果感到越来越舒坦了。我深切体会到无论什么功夫，对养生都可能有益，但需要试验，若试验效果好，则要有恒锻炼下去，这样才会收到“养生”的真实效果。(附载“九如操”功法于本章之后，以供读者参考)

道教经典问题

一、道书的辨别

早在唐玄宗时期，已有仿效佛教《大藏经》的体例，汇集天下道书而成的《道藏》。此后一直到明代，历朝都有增修或重编。现存最古的是明万历年间所编的《万历续道藏》共收入道书 1476 种，编为 5485 卷。1997 年，台北道教协会以明代的《道藏》为底本，增补了遗漏和近代出土的经典（黄老帛书、敦煌写本等），重修点校，出版了《中华道藏》，共收入道书 1500 多种，分为 49 册，每册约 150 万字。

《中华道藏》是现存最完整的道家大藏经，也沿袭传统的编排法，仿效佛经（分为经、律、论三大藏）的体例，却称为“三洞”（洞真部、洞玄部、洞神部）及“四辅”（太玄、太平、太清、正一）。而具体的内容又分为十二“类”：本文、神符、玉诀、灵图、谱录、戒律、威仪、方法、众术、记传、赞颂、章表。这样的分类显然也是仿效了佛经的“十二分教”（长行、应颂、讽颂、因缘、本事、本生、神力、譬喻、论议、自说、方广、授记）而来的。由此可知，道教的典籍真是包罗万象，十分庞大，一个人若不加选择，一辈子也看不完。即使看完，也可能难明所以。

近年有大陆学者指出[24]，纵观各种有关丹道经典，可分为三类：一是通灵型丹经，是由扶乩、降神等特异状态下所出的经典，都是各类“神仙降笔”，间中虽有说到玄理真知，但常是逻辑纷乱，可说是杂而多端。二是学者型丹经，是由道教学者或论师所创作出来的各类丹经或注疏，虽然其思想一贯，有理论上的系统性，只多于思辨玄谈及名词术语，流为纸上谈兵，于实用无补。三是悟道型丹经，是得道高真著述或记录其讲道所成的作品，其文常为义理深微，前后一贯，句句自心中流出，堪为修道者的实际指南。知此三类道书的不同，自有助于辨别与选择。

二、重要道书 10 种

据我近年研究，下列 10 本书是最重要的。欲了解道教，必读。

1.《太平经》

相传为东汉于吉所作，经后人补充而成。此“于吉”应该不是三国时遭孙策诛杀的妖道于吉。此书内容庞杂，上承老子遗教，又有当时图谶、神仙方术。

此书有许多奇特之说。如所谓“承负”论，为什么人有力行善事反而得到恶果？是他承负了先人作恶而流积下来的缘故。反之，有人为恶却得善果，是他承负了先人行善的流积之故。这种理论几近佛教的“业力报应”论。又如所谓“思善近生”论，人若思神则致神，思真则致真，思仙则致仙，思道则致道，思智则致智。这近似佛教天台宗的“一念三千”的念力论。在道术方面，此书已提出“精气神”论，人欲长寿，应当“爱气、尊神、重精”，这是道门自古到今仍主张的核心理论。书中奇异理论颇多，在此不能一一细举。总之，此书是现存道教典籍之最古的，甚有研究价值。㉕

2.《老子想尔注》

道教创始人张道陵所作，经张修、张鲁等人增修。原书已佚，现存残本是敦煌莫高窟所出的古写本，张道陵于东汉顺帝汉安元年（142）创立道教于四川鹤鸣山。随后，张鲁在巴蜀建立政教合一的政权长达 30 年之久，所以这部经典很重要。

该书以宗教立场来解释《老子》，内容十分庞杂，不仅吸收了《老子河上公注》和《太平经》思想，而且兼摄了神仙方术、养生术、房中术、阴阳五行、吐纳导引等内容。有趣的是，它把这种思想称为“真道藏”，却把儒家的五经说成“半邪”，其他书籍则是“全邪”。㉖

3.《周易参同契》

东汉桓帝时魏伯阳所作。内容融合了周易、黄老思想、丹道炉火（外丹法则）三者，故称为“参同契”，是丹道之书的鼻祖。南怀瑾先生近年出版的《我说参同契》，刘国梁注译的台北三民书局版，均可参看。

笔者的看法是，外丹功法早在宋朝已不再提倡，而此书大部分内容正是外丹功法，且用《易经》、五行等理论解释外丹功法，显得曲折深微不易究明，如钻研进去就不易出来了。除非志在研究，如为实用，这部分应略过才是。既然已无实用价值，则不必浪费精力。

4.《黄庭经》

西晋魏华存夫人（252—324）辑成，又称《黄庭内景经》。本书奠定了她作为道教“上清派”第一代宗师的地位。《太平广记》卷五十八有详细传记。此书是道教内丹理论的重要经典，唐宋以来所有内丹道书的根源都出于此书。魏夫人逝世后，由他人收集编成《外景经》和《中景经》，内容与本书差不多。

本书糅合了古医学和道家的养生知识，内容有趣。尤其人体“三丹田”、“三黄庭”以及“人体有万神”等理论，成为后世“存思诸神”及“服气积精”等之根源，故本书是道教重要的古经典。

5.《抱朴子》内篇

东晋葛洪（284—364）著。葛洪，字积川，号抱朴子，江苏丹阳人，三国时东吴官宦之家出身，自幼爱读书，儒道经典无不娴熟。中年以后，欲往越南取丹砂，经过广东惠州罗浮山，乃自此隐居于此炼丹及著作。他有多种著作，如《列仙传》、医书《肘后备急方》等。《抱朴子》内外篇是他最重要的代表作，一直留存到今天，仍为道门要典。外篇是依儒家思想路，广论治国平天下之事。内篇内容则为纯粹道教的，诚如他在自序中说：“神仙方药、思怪变化、养生延年、禳邪祛祸之事，属道家。”由此可见，他应是第一位儒道兼修的人物，与张道陵把儒家经书斥为“半妖”，完全不同路数。

《抱朴子》内篇是一部集汉、晋神仙思想、道教义理、养生方术之大成的重要著作，对后世道教有巨大影响。尤其葛洪坚持“神仙实存”的思想，值得探讨。他一方面以许多论据企图证明神仙确实是存在的，同时又认为人是可以修成久视不死神仙的。但他一另方面又以更多的篇幅来说明人要修成仙极难：第一要积聚极大的功德，同时还要有许多条件。在修德方面，他说："人欲地仙，当立三百善。欲天仙，立千二百善。若有一千一百九十九善，而忽复中行一恶，则尽失前善，乃当复更起善耳。……积善事未满，虽服仙药亦无益也。"（卷三）。然则"仙药"如何炼得？他说"事大费重，未可卒办"（卷六），炼仙丹的事牵涉很大，费用甚贵，不可以随便去炼的！更严重的是，炼丹还要有近乎实现不了的种种苛刻条件禁忌："无神仙之骨，亦不可见此道也。合丹当于名山之中、无人之地；结伴不过三人，先斋百日、沐浴五香，致加精洁；勿近秽污及与俗人来往。又不信者知之，谤毁神药，药不成矣！"（卷四）这就是说，炼仙丹才能成为飞升不死的神仙，除了道德高尚之外，既要有"仙骨"的宿命，还要有巨大的资金，又要入深山，更要遵守很多戒条，最后要有一位会炼丹的师父主持，才可望炼得仙丹！这就等于说：拘于个人不可能完满具备这些条件，所以仙丹根本就是不可能炼成的！

6.《养性延命录》

南朝陶弘景（456—536）著。他是齐梁年间高道，曾任齐朝官职，后隐居江苏句曲山（茅山）修道。梁武帝即位后对他极尊崇，常谘政事，至有"山中宰相"之称。陶弘景学问渊博，举凡天文、地理、文学、艺术、医药等，都有精深的研究；一生著作 80 多种，可惜保存下来的很少，《养性延命录》是重要的存本。

本书是道教重要的养生著作，是葛洪之后的代表作。其内容主要以北魏张湛的《养生要集》为基础，并辑录自上古到魏晋的养生言论，加以删繁撮要，编为上下二卷六篇（教诫、食诫、杂诫、服气、导引按摩、御女），书前有序文。其主要思想仍为继承道家自古以来的"我命在我不在天"信念。

7.《坐忘论》

唐朝司马承祯（647—753）著。他是道教茅山派第十二代宗师，兼为佛教天台宗南岳派创始人，自号"天台白云子"，受武则天、睿宗、玄宗皇帝的敬重。他擅长诗、书法，与当时名士李白、孟浩然、陈子昂、宋之问、王维、王适、卢藏用、毕构、贺知章交往密切。其中的卢藏用因他而隐居终南山，后做了大官，这便是"终南捷径"成语的来源。司马承祯终年 89 岁，玄宗颁诏书以表彰其行。除本书外，他尚有《修真秘旨》《天隐子》等多本著作行世。

所谓“坐忘”，语出于《庄子·大宗师》。司马承祯依据其旨发展出修道的实践功夫，分为七阶次：敬信、断缘、收心、简易、真观、泰定、得道。如前所述，道教的“外丹”在唐朝仍流行，司马承祯此书几乎全谈“内丹”，所谓“坐忘”不过是自我心灵的调整修炼，故此书是道教从“外丹”过渡到“内丹”的重要典籍。

8.《悟真篇》

北宋张伯端（983—1082）著。张伯端，浙江天台人，为道教内丹派南宗之祖（北宗之祖为王重阳），是一位禅道合璧的人物。

本书主要内容在于阐明如何“养命固形”（锻炼吾人有形的躯体）的内丹术，同时涉及禅宗的“修性”功夫，又牵涉新儒家（理学）的义理，所以其性质是道、禅、儒三教融和之作品。本书的文体很特别，主要内容由 81 首诗组成，所以它也是一本高水平的文学作品。因为内丹沿袭了外丹的各种易经、五行、炉火等名词，一般硕学之士都已不易看懂，而这样难懂的义理又以讲究“意境”的诗作载体，等于难上加难。所以此书遽读很美，却不易理解。今有道学专家刘国梁、连遥两人作了详细的注释，有助于现代解读。

9.《性命圭旨》

作者不详，仅载为“尹真人弟子”所著，应为明代作品。本书是儒、释、道“三教合一”的代表作，但以道家的内丹学为主，重点在阐明“性命双修”。绘有各种图说来阐明修炼的功夫，是本书的一大特色。

10.《乐育堂语录》

作者黄元吉，江西丰城人，生卒年不详。清道光、咸丰年间，他曾在四川自贡设馆授徒十余年，门人将其讲道内容录集成本书。作者深研经史，学问渊博，是清代著名的养生家、内丹功宗师。

此书可以说是内丹功集大成之作，对每种具体功夫都有晓畅的解说，更有许多独到的见解。

以上 10 书，是我近年研究了道教数十种经典中精选出来的。其排列是按成书的时间，由古到今的次序，内容的难易也呈现在这序列中，即越靠现代的越易读。

所谓“未有神仙不读书”，欲修道的人若不读书，必易走入旁门左道的路子去。但读道书要有方法，否则走入迷途也难有收获了。

附载

“九如操”简介

“九如操”是什么?

它是一种综合了体操、气功和禅功的全面性强身运动。全程只有九个动作，在半小时内可以做完。练习九如操，不拘年龄、性别、人数与场所，简单易行。

大凡健身运动，贵在有恒。然而，能“有恒”真是谈何容易！有恒虽然是个人主观意志坚持的问题，但与客观条件也有密切的关系。如果一套运动很繁难，所需外在环境条件太多，任何人都很难不间断地练下去了。“九如操”几乎不需任何外在条件的配合，在室外可以，在室内也可以，亦不受时间与天气限制，所以极简单易行。只要稍有决心，人人皆可有恒地练习它，达到体魄强健，内心怡悦之目的。

“九如操”的来源为：以武汉吴氏祖传的八项柔软体操为主轴，再糅合道家一些吐纳气功的功夫，佛家的禅定义理，经过余如云居士长达二十多年的实践验证，才宣告完成，所以此种体操虽然表面简单，实寓有至深的义理与实证的效用。

练习通则

运动场地　最佳为田野山林间，其次在公园，不得已在室内亦可。空气浑浊处所则不宜。

运动时间　全程约半小时。晨间最佳，白天亦可，晚上则不宜。

呼吸问题 如何呼吸，在练习中很重要！必须切实照各式注明的法则去做。如未注明，则照自然呼吸法。

运动次数 各式动作，除特别注明者外，均以24次为原则。若个人身体未能胜任，则略减少亦可，总之以不勉强为原则。

静止姿势 各式动作前后静止时，双足应分立（以同肩宽为原则），全身平直放松，双臂自然下垂，双眼向前远方（如有绿色植物最佳）平视，但不宜用力凝望。

动作要领 所有动作，均以沉稳缓慢为原则。

各式动作

第一式 双臂上举运动

1. 双臂自然地垂在身前，双手手指互叉，手心向上放在丹田部位。

2. 双臂慢慢往上推，并吸气（上推时手心自然外转）。

3. 双臂向头顶推到尽时，亦为吸气最足时；略停五秒钟，然后缓缓将臂放下，并呼气。

4. 恢复到1的位置，暂停五秒钟，重复往上吸气的动作。

5. 做以上动作时，注意双目保持向前远方看的姿势。

6. 上下往复为一次，共做24次。

第二式 单臂上举运动

1. 此为第一式的分解性运动。

2. 右臂高举用力往上顶（如单手举物状），左臂则下垂，同时向后方用力划（如划船桨一般）。

3. 在（上顶后划）二相反方向用力时，应呼气（吸气则任其自然不必着意）。

4. 右臂在上的动作24次，换左臂上顶、右臂往后划，亦为24次。

第三式 扩胸运动

1. 从静止式开始，双臂环抱胸前，双手并作抱拳姿势，右足稍内收，同时吸满气在胸中，暂停约三秒钟。

2. 左足向左前踏出一小步，双臂同时快速展开，为扩胸姿势，并同时快速呼出积在胸中之气。

3. 上述动作之后，换右足做同样的动作，并略转身向右。

4. 上述动作，左、右各做 24 次。

（进阶）此运动练熟后，再配上道家自古治病强身的六种气（吹、呼、嘻、呵、嘘、唏），对内脏（心、肝、脾、肺、肾、三焦）极有益处，但应经明师指导方作此进阶性修持。

第四式　扭腰运动

1. 在静止态中，双手叉腰，臂部稍下沉。

2. 作腰部之扭动，扭动的方式为：以臂部移动线所成的圆周的轨迹与地面平行，其直径愈大愈好。

3. 先顺时针方向扭 24 次，再反时针方向扭 24 次。

4. 扭的速度要缓慢，眼睛看前看近均可。

第五式　甩腰运动

1. 稍用力转动腰部而扭动上身，如是产生离心力，使双臂向外方自然地甩出，甩出时半握拳。

2. 借半握拳方法甩出的力量，以手背部击在腰的两侧（盆骨上方的软肉部位）。

3. 击腰时，因上半身是转到侧后的，此时颈部亦应跟着转，眼睛应望向后的景物。

（此式运动很少人会做，对肾脏、眼球的益处很大）。

第六式　前弯运动

1. 照第一式 1、2 姿势及吸气。

2. 向前弯腰，双手尽量往地面探下，并呼气。

3. 气呼完后，身体恢复直立，双臂跟着从下拉上重复第 1 动作。

4. 腰身往返上下（上吸气、下呼气）共 24 次。如不能，可减少。

第七式　眼、颈运动（此式包含四项动作，第一项为主，其余为辅）

（七之一：转颈）

1. 双手叉腰，颈部向后转（先左或先右方均可），转到不能转为止。动作切忌快速，越慢越好，注意尽量不要转动腰部及脚部。

2. 转时，眼睛向前远方平看，并跟着颈转而远视。

3. 向左及向右各转 12 次，共 24 次。

（七之二：头部垂仰）

1. 头部前垂，直至下巴碰到身体为止。然后把头拉起慢慢往后仰，至不能再后为止。如此垂仰为一次，共计六次。

2. 此动作切忌快速，不可用颈力，以头的重量自然下倾为原则。

（七之三：倾头）

1. 头部向左边（先右边亦可）倾侧，至耳朵触到肩部为止，然后回复并倾向另一边。如此往复左右为一次，共做六次。

2. 此动作切忌快速。

（七之四：眼球大圆周）

1. 双手叉腰，头向前垂，眼望足前。

2. 头渐上抬，目光跟着移动，从脚前看到正前的上方（如有树梢，山的陵线为目标最佳）。

3. 头向左方，渐转到左后方→正后方→右后方→右前方→正前上方→回复到第 1、动作（眼望前足前），然后再重复 1—3 的动作，如此向两方各转六次。

4. 做第 3 动作开始时（方向左或右转），身体要跟着转的需要而往后仰，腰部也要配合扭动。

5. 眼光要跟着头的转动而绕着身体的上方大圆一周，此眼球绕大圆运动甚有益于视力的健康。

6. 此动作越慢越好，如能看正后方时停留十秒钟更佳。

第八式 蹲下运动

1. 屈膝下蹲，要蹲到底（不可半蹲），再起来。如此上下一次共 24 次（如体力不足可减少）。

2. 下蹲时吸气，回复起来时呼气。

3. 下蹲时，双臂乘势往后摆，起来时往前摆，使双足借力较易起来。

4. 此运动不宜太急，但也不宜太慢，要注意自己的心脏承受能力。

第九式　下腹内功

1. 此种内功对腹腔机能，尤其对直肠、生殖器官机能有大效，因属密法，须面授其详。

2. 练此功，须由明师指导，并在前八式运动练纯熟而且有坚持力（最少三个月）后，方可研习。

3. 练此功前，须先练好丹田呼吸法。

收功式

1. 双掌互搓十数下，使之发热，然后从下巴开始，往上以双掌稍用力作单向的擦脸动作，直到发顶，从后脑，经耳后，后颈，回复下巴。如此动作往复十数次，此动作对容颜大有益。

2. 亦可加上按摩眼眶及耳垂动作，对视力及一些脏器有助益。

从“九如”到“十如”

“九如”的名称，采自《法华经·方便品》：

> 唯佛与佛乃能究尽诸法实相，所谓诸法：如是相、如是性、如是体、如是力、如是作、如是因、如是缘、如是果、如是报、如是本末究竟等。

前面九个“如是”（性、相、体、力、作、因、缘、果、报），可说是针对宇宙万事万物而讲的世间范畴（Category），第十个“如是”（本末究竟等），讲的是万法一切平等的胜义谛（实相空相）。

人体好比一个精密的小宇宙，自然适用“九如”世间范畴。综观上列九式运动，第 1—3 式以胸部为重点，第 4—5 式以腰部为重点，第 6 式以腹部为重点，第 7 式以颈部及眼睛为重点，第 8 式以腿足为重点，第 9 式以腹腔器官为重点，其功能实已涵盖了全身，与“九如”相应。所以这种运动，亦以“九如”为名。

练习“九如操”纯熟之后，再进一步去学习第十“如是”，即透过禅定（静坐、冥想）的修持，去悟得宇宙的实相，那就达到圆满的境界了。

如欲修持第十个“如是”，宜先将“九如操”练习三个月，使之纯熟，且有一定的身心良好反应，然后请明师指导方可。在练习本操期间，如能阅读，不妨先看有关书籍（最好先详阅南怀瑾先生《静坐修道与长生不老》一书，台北老古公司及上海复旦大学出版社均印行），俾便顺利入门。

附注

① 拙著《现代佛学别裁》的义理篇内容，就是以“苦、集、灭、道”四纲领写的。

② 见牟宗三著《中国哲学十九讲》第三讲及第五讲，台湾学生书局1997年版。

③ 见南一鹏著《父亲南怀瑾》（上册）第66页，浙江人民出版社2015年版。

④ 1934年冬推行的“新生活运动”，详情见《从抗日到反“独”——滕杰口述历史》第五、六章，“净名文化中心”2016年版。

⑤ 见南一鹏前书第73—78页。

⑥ 以下三个故事，参南一鹏前书，第92—95页。

⑦ 胡庸事迹，可参南一鹏前书，第173—176页。南先生此诗含意，可参林曦注释《金粟轩纪年诗》第139页，南怀瑾文化事业公司2016年版。

⑧ 承锡康先生，江苏无锡人，与马英九之父马鹤龄有深交。1970年他住台北吴兴街，是我邻居。我办《疾风》和《龙旗》杂志十多年间，常得他热心帮助。

⑨ 见前书《论语别裁》第5页，《老子他说》上册前言。

⑩ 参牟宗三前书，第89—99页。

⑪ 详见牟宗三著《历史哲学》第149—157页，台湾学生书局1988年版。

⑫ 参南著《老子他说》（上）第5页，2016年版。

⑬ 采自龚鹏程著《道教新论》第27页，台北学生书局1991年版。

⑭ 见前书《老子他说》第143—156页。唯南先生在此段解说中，谓张良是“受吕后的饮食毒害而殁”的，易引致误会。依《史记·留侯世家》载，张良在刘邦崩驾后，即学道家的“辟谷、导引”之术，吕后不忍张良如此吃苦，乃勉强要张良进食，张只好听命，过了八年才逝世。

⑮ 前书《论语别裁》第795—796页。

⑯ 见《清净道论》第九“说梵住品”。详见前注①第五章二节三项“佛陀的涅槃观”。

⑰ 此言采自龚鹏程前书，第28页。按陈荣捷是广东开平人，曾任美国夏威夷大学、哥伦比亚大学等著名院校教授，英文著作等身，是西方学界的中国哲学权威。他的《中国哲学文献选编》中译本1993年由台北巨流图书公司出版，对了解其学术思想有参考价值。

⑱ 参注②第102—109页。

⑲ 同注⑫。

⑳ 参计算机网络版《维基百科》“西游记·主题”条。

㉑ 参龚鹏前书，第79—82页。

㉒ 唐君毅:《中国哲学原论——原性篇》第119页以下，台湾学生书局1991年全集校订版。

㉓ 见《贞观政要》贞观二年事，台北河洛图书出版社1975年版。

㉔ 参戈国龙注译《乐育堂语录》导读，台北三民书局2012年版。

㉕ 根据王明编《太平经合校本》上、下册，中华书局1997年版。

㉖ 顾宝田、张忠利注译《新译老子想尔注》本，台北三民书局2008年版。

第八章
面向世界　以建大同

“净名”是维摩诘的中译名，又名维摩、无垢称等。他是佛陀的居家弟子（居士）。著名的佛经《维摩经》，就是以他为中心而开展各种深奥义理的经典。可以说，维摩是佛门中最伟大的居士，因为他德行高超、知识广博、智慧玄远，连佛陀也常请他帮忙教导其他弟子。因此，最能代表居士佛教思想的，就是《维摩经》了。

以上各章，分别从各个角度来阐明南怀瑾先生的思想与实践；尤其第五、六、七章，是从中国本位文化的儒、释、道三教的义理来作进一步的分析。但南先生一生的奋斗目标除了弘扬中华传统文化之外，还要面向全世界；主张把全世界的精华文化吸收进来以壮大中华文化，把中华文化的精华推向全世界，最终达成《礼记》所说的“大同世界”。本章就是阐明这世界性的大目标。

东西精华协会

早在20世纪60年代末期，南先生便感到复兴中华文化并与西方文化接轨的重要性。他剑及履及地采取了各种实际行动，除了密集地到各机关学校演讲之外，最受时人注目的就是不顾一切阻力，成立了“东西精华协会”。

当时台湾在戒严时期，对民间组织团体管制颇严。为了减少阻力，南先生首先通过在美国的弟子，于1969年8月在美国加州成立“东西精华协会国际总会”（East-West Essence Society），半年后（1970年3月22日），便在台北顺利成立了“东西精华协会”，南先生自任会长，政府要员及许多中外文化著名人士共襄盛举。

会章第四条明定了这个团体的性质及宗旨：

本会为不参与或干预任何政治活动之非营利团体。其宗旨如次：

一、复兴并阐扬中华文化，促进东西方文化精粹之交流。

二、谋求端正世道人心，安定社会，并积极筹办社会慈善福利事业。

第二项是有关社会福利的具体操作，于此不必申述。第一项才是这个团体的主要宗旨。具体的做法，则由第五条规定了六款的具体任务：

1. 协助国际总会筹建国际文哲学院，分别设立儒学、禅学、道学、西洋哲学及医学中心。

2. 鼓励并辅导国内外学术团体及专家学者对中华文化学术之研究，设立专业机构。

3. 协助有关东西文化精华之著述、翻译及出版。

4. 谋求推动东西方文化精华之沟通与交流，并促进有关教授与学生之交换。

5. 主办社会讲学，及对海外之旅行演说，以宣扬中华文化。

6. 其他有关文化学术事业之创办。

在成立大会上，主管机关派了官员谭贞禧来致辞。他明白指出：当时在台湾成立的民间团体已有近 400 个，可是有真正活动而对社会有影响力的少之又少，只有“扶轮社”“狮子会”及“国际青商会”几个而已，而且这几个团体的性质只是以做社会慈善事业为主的，而以弘扬孙中山的“大同社会”文化思想为宗旨的，可以说没有第二个。所以他说，“这个团体与其说是一个团体，毋宁说是一种运动”，成立了这个团体，大家就会有具体行动来推动文化复兴的理想。这位主管官员，能体认到此团体是一种“运动”，可谓难得的真知灼见了。①

后来，南先生又亲撰“我们要担起挽救狂澜的工作”一文，阐明该会的缘起与目标：

今天的世界，普遍陷在迷惘中，是非缺乏标准，善恶没有界限。它的远因近果，实由于物质文明高度发达的反映，人们但知追求物欲而忽略了精神上的修养，于是变得没有理想、没有目标，浑浑噩噩，茫然而无所措、无所从。人心如此，国际如此，整个世界人类何尝不如此？危机重重、人类再不回头，终将走入没底的深渊。

东西精华协会便是在这种情况下诞生的。实在说：这个协会的诞生，乃是基于现代的需要。发起这个组织的宗旨，正如本协会的名称所揭示的，要从东方文化中和西方文化中摘“精”取“华”，身体力行之，发扬光大之，挽救思想文化之狂澜于将倾，导引人类走向“老有所终，壮有所用，幼有所长”的和平安乐大同境界。②

这个团体成立后，直到南老师离开台湾为止，15年间，积极依原定计划展开各项活动，包括各种儒、释、道的“文化讲座”、禅修班等等，影响日益扩大，大约届满十年时，已到了高峰期。最能足以显示这高峰的就是在前文第一章说过的“特别班”，包括当时党、政、军、财经、文化界的人物都成了南先生的门下士，不料却招致当局的疑惧，造出“搞新政学系”的流言，南老师只好远走美国了。但无论如何，南先生以他一人之力能在台湾开风气之先，造成很大影响，有益于中华文化复兴，实在是功不唐捐了。

中国发展的四指标

上述的“东西精华协会”，已说明了南怀瑾先生早在70年代即以具体行动来融合东方与西方的文化精华，即证明了他的眼光不止在复兴中华本位的传统文化，而是面向全人类的文化。还有一个更切近而具体的事证，那就是1988年南老师到了香港不久，同中央高层人士有所接触，即向他们提出了四项指标，作为中国努力的大方向：

共产主义的理想

社会主义的福利

资本主义的管理

中华文化的精神

1993年初，我到香港见了八年未见的老师，他就对我说出这四项指标。我一听心中不禁为之一震！因为我有办政论刊物近20年的根底，故能立即领悟到：这是融和了古今中外最高理想和有效的实践，将之结合在一起可成颠扑不破的真理，正是当前中国发展的最妥当指导思想。何以言之？兹分析如下：

一、共产主义的理想

这种理想的最高境界就是，人人都大公无私，做到“各尽所能，各取所需”。当然，因为人有七情六欲的“气质之性”[③]，故障蔽了良知，所以一般社会大众不可能达到这种境界。虽然如此，这个理想仍需坚持，这有两个理由。一个是哲学性的，另一个是现实性的。就前者而言，因为人是“理想性动物”，这也是跟禽兽最大区别。佛教认为人必须要有“四食”（段食、触食、思食、识食）才能生存下去，其中的“思食”指人必须有希望，一个人若无希望就会自杀了[④]。社会若无共同希望，这个社会必会崩溃。国家民族的理想就是社会的共同希望，能使多少人落实去做那是另一个问题。因此，任何宗教或高级思想体系，均有理想。例如儒家的“大同世界”，道家的“神仙”，佛家的“成佛”，基督教的“天国”，都是社会大众不可能达至、只有极少数圣哲才可仰及的。少数圣哲追求理想，带动了社会大众朝着理想前进，这也就是《易经》所说“云从龙，风从虎，圣人作而万物睹”（乾卦九五爻辞）的道理。“龙虎”譬喻为理想而努力的圣哲，“风云”譬喻社会大众；大众虽无远大的能力，但会跟随圣哲走的，如是整个社会就稳定健康了。就后者而言，因为中共当初的革命就是要实现这个理想的。以上理由，老师虽未曾详细解说，但我深知他的意思就是如此，所以他才会把此理想列为首项。

二、社会主义的福利

社会主义（Socialism）一词虽是来自19世纪的西方政治学说，其实中国自古以来的“民本”思想就是一种实际的社会主义；孟子说：“民为贵，社稷次之，君为轻。”（《尽心下》）是民本思想的最佳描述。尤值得注意者，中国传统的社会主义，不只像西方的只是一种思想理论而已，而是贯彻到社会实际运作上去的，这从历代的“礼”及“法”的内容可得大量的印证。例如，现代西方法制（包括英美法、欧陆法）均源于罗马法，这是“以权利为本位”的法制，而中国传统法制却是“以义务为本位”的，两者精神完全不同：“以权利为本位”偏重个人权益的保护，“以义务为本位”偏重社会整体利益的维持。不过，现代西方法学思想也渐渐朝社会整体利益方向修正了，如强调个人或企业对社会的责任、自然环境保护观念、社会保险观念等，在传统中国法制中早已有此等观念了⑤。南老师把这个“社会主义的福利”列为指标，太高明了，不仅顺应现代法学趋势，更契合中华传统文化。

三、资本主义的管理

现代资本主义社会（如美国及欧洲德英法诸国）的管理成果无疑是很先进的，恰好作中国传统农业社会的懒散效率低的借鉴。原来，西方企业管理之所以有高效率，源自三个要素：一个是“人性恶”的理念，这是来自基督教的哲学思想，认为人是有“原罪”的，不可尽信，故要设计一套制度来抑制人的根本恶性，这就是“制衡”机制的思想根源，与中国传统的（人性善）说法是完全不同的。其次是科学的管理制度，西方传统的企业好像一部精密的机器，有其客观合理的运作模式，这与中国传统社会的散漫自由风气截然不同。最后是私人所有权，因为企业是个人的，它的兴衰就是个人的福祸，所以“人的积极性”完全自动地激发起来了，这与中国过去“大锅饭”的作风完全相反。中国之所以能长存于世界，就是我们有巨大的包容力，所以南老师认为，现代中国要复兴就只能吸收资本主义的长处。今天中国之所以能和平崛起，正是这30多年吸收了世界所长而奋发努力之故。

四、中华文化的精神

南怀瑾先生早在四川时，年纪也不过20多岁，就已为中国文化的衰落忧虑。到台湾以后，更亲身见到日本侵占50年后此地变成“文化沙漠”的实况，因而发出“国家不怕亡，亡了还有办法复国。如果文化亡了，则从此永不翻身”的深沉喟叹，所谓“天下兴亡，匹夫有责”，自此他决心要尽一己之力来继承发扬中华文化的慧命；可以说，他一生做的就是这件事。

综合上述，第一点是源自西方文化，第二点也有一半来自西方文化，第三点当然也是西方的制度了。因此，南先生提出这四点，实际就是吸收西方文化来达成中华文化的复兴目标，此目标的达成就是实现如今所提出的“中华民族伟大复兴的中国梦”了。

南先生这种思路，显然不是出自他个人的偏好，更不是出自一位读书人即兴式的浪漫，实在是出自深沉的睿智，且有其历史客观性根源。早在1980年间，他在台北讲《老子》时已指出：

> 照历史法则的推演，应该是丁卯年（1987）以后，我们的民族气运与国运，正好回转走向康熙、乾隆那样的盛世，而且可以持续两三百年之久。⑥

这段话是南先生深沉睿智的最有力证明。试想，他下这论断时，距“改革开放”政策不过一年多，根本谈不上成效，当时国际诸多领袖人物对之且不看好，此时南先生便作此论断，若说他没有推演历史的睿智，曷克臻此！大局发展了近40年后的今天，中国昂然成了富强之邦，当年瞧不起中国的西方现在都刮目相看了！这就更证实了南先生确有先见之明。

中国现代化思想主流

融合东方与西方文化的精华，以充实壮大我中华文化，以使中国复兴；这种思路正是民国初年的“文化运动”以来的主流思想，南先生的思路也是属于这主流的，他依这思路而努力了一生，他的真实贡献就是把这主流思想普及化了。这也就是我在前面所谓的“历史客观性根源”。

原来，中国自古以来就是“天朝上国”，在汉、唐最强盛时代不用说是世界的独强，周边及远方国家不过都是“蛮夷之邦”而已。须知中国这种优越地位不是靠武力掠夺他人得来的，而是基于优秀的传统文化获致的，故又称为“礼义之邦”。直到清朝的康乾盛世（1662—1795），西方的英国虽已因工业革命而崛起，美国在这段时期始独立建国，但中国仍强盛，依然以“天朝上国”自居。只是到了 1840 年鸦片战争以后，以英国为首的西方列强以“船坚炮利”之武力及洋教来欺凌中国，不断要求签下各种不平等条约。这时朝廷好比一个娇生惯养的富家子弟，对此“千古未有之变局”根本无能力。只是朝野有识之士，面对这种武力加宗教文化的“西风”之挑战，才逐渐感到事态严重了。

具有爆炸性的发展是 1894 年发生了中日“甲午战争”，小小的日本居然打败了中国！1895 年清政府签订“马关条约”，不但割让台湾、澎湖及附属岛屿，还要赔偿巨款（二亿三千万两白银）；中国不但要承认朝鲜独立（朝鲜自古以来是中国的藩属国），好让它变成日本的殖民地，而且还要任日本轮船到内陆口岸（杭州、苏州、沙市、重庆等）自由航行、贸易免税。这才真正惊醒了中国的社会大众！凡有良知的中国知识分子，莫不群起思考或参与救亡图存的民族运动。

在这种民族巨大耻辱的激发下，自然产生了各种各样的思潮，如“国故派”“西化派”“虚无主义派”等等，这些思潮相互激荡下，到了新文化运动时，竟变为“打倒孔家店”口号。更有激烈人士说出“汉字不亡。中国必亡”的话⑦，把一切国家民族的屈辱归咎于中华文化，而中华文化不行就是中国的象形文字不如洋文来得简便“科学”之故。幸而在这种混乱思潮之中，仍有一条理性的中庸思绪在隐然成形，随着岁月的变迁、历史的磨炼，这思绪逐渐壮大成为复兴中华文化的主流思想。

代表这条思想主流的第一人就是孙中山先生。孙先生最大的功德是领导辛亥革命，推翻2000多年的帝制，当然是一位“革命先行者”——伟大的革命家。但他凭什么能革命成功？无他，就是靠他的思想来作宣传，由是“鼓动风潮，造成时势”。所以，孙中山不仅是一位革命家，也是一位卓越的思想宣传家。为何说孙先生的思想是主流？关键就是他能融合中外文化于一炉，并要“超越西化而前进”，这是为中华民族开辟一条自己该走的康庄大道。蒋经国先生的文胆蒋廉儒先生在30多年前描述得最恰当：孙中山先生给中国人树立了一个人格的榜样，那就是“自尊不自盲”——中国人绝不可失去信心，但也不盲目地夜郎自大；“自知而不自卑”——我们虚心反省自己的缺点，力求改进，但绝不自卑⑧。

正是孙中山这种人格感召，才有许多后继的英雄豪杰、仁人志士，纷纷起而采取各种行动，以达雪耻救国之目的。其中如毛泽东等中共的创建者，如蒋介石等国民党的领导者，他们彼此之间的主张及路线容有不同，但终极的目标是一致的；我曾称之为“兄弟登山，各自努力”，虽然个人造化或命运不同，致有成功登上山顶的，也有中道崩殂的，但没有关系，一人或一党一派的成功就是全民族的成功，即是中国人大家的成功。

接着发展这条主流思想的学术界重要人物就是：梁漱溟、熊十力、马一浮、张君劢、方东美、牟宗三、唐君毅、徐复观八位学者。今天学术界称他们是“现代新儒家”的八大家，其中前三位梁、熊、马且有“新儒家三圣”之誉。不过，我认为这名称值得商榷：一者他们皆主张复兴儒家思想，反对“打倒孔家店”都没有问题，但是否都可称为“新儒家”？如梁漱溟、熊十力二人都是精通儒、佛两家的义理者，但他们都“由佛入儒”，认为最后就归宿于儒家思想，故称他们为“新儒学”也没有错。马一浮是纯粹的儒家思想，从他《复性书院讲录》《尔雅台答问》等著作可以确证[9]。张君劢早在1957年以英文在美国出版了《新儒家思想》，这是中国人以英文撰写新儒家（宋明理学）思想的第一部巨著，对儒家思想世界化的影响甚大，说他也是新儒家，也没有问题。方东美长于西洋哲学，又精研大乘佛学，尤其是华严宗思想。还有，他极喜爱中国的诗词，又兼及希腊悲剧。所以把他列为新儒家似未尽妥洽。徐复观专研中国艺术精神、中国思想史及中国人性史，也未尽可列入“新儒家”之中。牟宗三与唐君毅一样，学养既广且深，是引领当代的文化思想的真正宗师级人物。牟氏学通西方哲学，尤其康德哲学及逻辑，并圆融中国的儒、释、道乃至诸子百家，是学术界公认的大“智者”。唐氏的著作被一流学者称为“宝山”，东西方最深奥的思想统统包含在其中；尤其他晚年巨著《生命存在与心灵境界》，等于把人类所有的思想作一个“大判教”，判为三进九重层级；其学养之广大深湛，令人惊叹！据此而论，这八位宗师级人物所成就的正是中国现代的哲学主流思想之内容；把他们只列为“新儒学”，未免以门户之见而窄化了他们的形象。[10]

最后，钱穆、冯友兰、吴汝钧及南怀瑾未列入前述的八位宗师级人物之中，在此应略予讨论。

钱穆先生对现代文化贡献甚多，是当代大儒之一，只是他的学向重心在史学，并非哲学思想性的，故不列入。

冯友兰先生早在1934年出版的《中国哲学史》，又译成英文在美国出版，已公认对中国传统儒学的阐述有很大的成就。后来又推出《贞元六书》（新理学、新事论、新原人、新世训、新原道、新知言），内容有许多卓见，故被学术界推崇为“当代新儒家”代表人物之一。但因他撰书的立场数度改变，有失中国传统儒家“言行一致”的风格，有代表性的学术界人士多不承认他有此地位，故不列入上文八位之中[11]。

后起之秀吴汝钧先生，原是牟宗三、唐君毅的弟子，通晓六种（中、英、日、德、梵、巴利）语文，精研东西方哲学。近年推出《纯粹力动现象学》《佛教当代判释》《量论》等巨著，不但涵括了中国的儒、释、道，乃至印度及西方各派的哲学，而且成为中国首位“造论”的大师。所谓造论，就是他创造一套“纯粹力动现象学”理论体系，把人类所有知识学问纳入一个终极原理之内而得到“言之成理”的解决。因此我认为，吴汝钧实已超越“新儒家”，他的成就将会使其列入“中国现代哲学主流思想”的代表者。

至于南怀瑾先生，他常说自己“不预入学术之流”；而一些学院派人士也多说南先生的著述“没有学术价值”。我对此说不以为然。盖南先生之言，既是自谦也是自信；他尚在台北时，有许多学者如牟宗三、殷海光就曾向南先生请教禅宗问题，南先生一再对他们说：“我走的路子跟你们不同！”此言表现出他对自己之努力方向有十足的自信。

再说所谓“学术价值”问题。现代学术界所持的学术标准，实是着重在研究的方法与论文表述的形式，这些都是从西方而来的习惯，中国传统学术并非如此。具体言之，现代学者所写的论文必须有的形式是：内容层次要逻辑分明，所持的观点必须有依据，并应以注解说明其出处等等；若不具备这等形式，便是没有“学术价值”了！如依此西方标准，孔子的《论语》、老子的五千言乃至佛陀的原始经典（如四阿含经）等人类文化最重要的书，都是没有“学术价值”的了！岂不荒谬？其实，真正价值不在书本的形式与方法，而在其思想内容有无原创性、对人有无启发性、对社会有无饶益性。由此可知，一些学院派人士以西方论文的形式标准来指责南先生的著述，十足是“现代书呆子”之见也！

其实，判断南先生的著述有没有“学术价值”，并不重要；重要的是，他的著述几十年来确实对社会有普及性的影响，他带动无数的人重新认识中华文化、恢复了民族自信心，这才是真正的价值。因此，吾人可以肯定，南怀瑾先生确属现代中国主流文化中的一位重要人物，因为他的实际贡献绝不会少于上列九位专精之士。南先生的“高明广大”普及路线虽与九位专精之士的“高明精微”路线不同，但目标是一致的，这也是思想学问范畴的“兄弟登山”；其中没有成败或优劣问题，只有相互激荡、相辅相成的作用。凡热爱民族文化的睿智之士，应作如是观。

世界的光明前途

早在1958年元旦，牟宗三、唐君毅、张君劢、徐复观四位大哲联名发表了《为中国文化敬告世界人士宣言——我们对中国学术研究及中国文化与世界文化之共同认识》[12]。这篇长达4万字的大作，在中华文化的发展史上，其重要性可与唐代李翱的《复性书》相提并论。

按全人类文化可概括为四条主线：以苏格拉底为代表的希腊文化、以耶稣基督为代表的希伯来文化、以释迦牟尼为代表的印度文化，以及以孔子为代表的中华文化。苏、耶、释、孔四人亦因此而成为现代世界公认的"轴心圣哲"。在四条文化主线中，中华文化特有最强的包容力，从它数千年的发展史上可分为三个大放异彩的"融合期"是最佳的印证，首先是春秋战国时代诸子百家学说并起，形成中华原本文化的多彩多姿特质。其次是隋唐时代全面吸收了印度佛教文化思想，使中华文化再放异彩。第三期就是现代，吸收西方文化之所长（包括希腊文化的科学精神、希伯来文化的宗教精神，乃至近代西方的民主制度、科技事物等等）。中华文化今天仍处在此"第三期"的过程中，并未完成融合，但将来大放异彩是必然的。《复性书》的重要性正是在第二期，它是开拓宋明"心性之学"的先导性文献。而1958年的宣言，则是坚定了中华文化在此期的大原则大方向；经过半个世纪以来的实践验证，这篇大作所说的确实为真知灼见。

不特此也。这篇宣言更进而揭示了全人类走上"大同"的可行途径。具体来说，中华民族固应吸收西方文化的"方以智"精神来充实自己；相对的，西方也应学习中华文化的"圆而神"精神——天人合一理想、成圣成贤之学、悠久无疆的历史意识，乃至天下一家的情怀。这样，便是真正做到了东西方文化的会通，世界上每个人都成为孟子所说的"天民"（不再是哪一国之民，而是天下之民）了。这样，不但"中国梦"成真，而且中华民族自古以来的“世界大同”理想也实现了！

他是一位通家人师

本书既以“南怀瑾研究”为主旨，现在应作一结论了。南怀瑾先生到底是一位怎样的老师？这牵涉他个人的“定性”问题，应在此作一总括性说明。

早在20世纪60年代，已经有很多人称南怀瑾为“老师”了。但这位老师是何教、何门、何派的？大抵是随人所请教的内容而认定，因为这位老师什么学问都讲，所以有人说他是“禅宗大师”的，有认为他是“儒家夫子”的，有认为他是“道家仙师”的，近20年来一些报刊有称他为“国学大师”的，最近还有称他为“诗人”的。

南先生一生都拒绝别人以师尊相待，所以在1964年他就写了四首这样的绝句，来表明态度：

自讼耻为师四绝示诸子

惭为儒师

微言大义有沈衰，王霸儒冠尽草莱！
用舍行藏都不是，耻为师道受人推。

惭为道师

玄微不识有无功，致曲难全世异同。
兵气未销丹未熟，耻为师道立鸿蒙。

惭为禅师

拈花微笑付何人？一会灵山迹已陈。
拄杖横挑深夜月，耻为师道颂同真。

惭为人师

四壁依空锥卓难，夔蚿鹏鷃总无安。

时流吾犹趋温饱，万壑风吹随例看。

我的看法是：正如《论语·子罕》有道，“博学而无所成名”，孔子以六艺（礼、乐、射、御、书、数）教学生，他是一位通才教育家，故不能称他为哪一艺的专家大师，这就是“无所成名”了。南怀瑾先生是一位“经纶三大教，出入百家言”的通才老师，所以称为“禅宗大师”或“国学大师”等都不对，“诗人”更不对。我想了很久，只有称为“通家人师”的称号最恰当。

所谓“通家”，指的是：他是一位通才老师，对学生施以通才性质的教育。所谓“人师”，指的不是只会教人知识的“经师”，而是能教做人处世本事的才算“人师”。此语出于《荀子·儒效》：“四海之内若一家，通达之属，莫不服从，夫是之谓人师”。虽说南先生也有“惭为人师”的诗，但揆其内容只为太贫穷而已，并非说不配此称号也。

附注

① 见《东西精华协会中国总会纪要》，1976 年 10 月该会编订。

② 见前书之附件“东西精华协会宗旨简介”。

③ 孟子所说的“良知”“人性善”，是指“人之所以为人”的性，但人除了善的“良知”外，尚有动物及植物性，此等皆为“气质之性”。这种分辨很深微，宜弄清楚。

④ “四食”，详见拙著《现代佛学别裁》第 163 页，台湾老古文化事业公司发行。简体版《佛学别裁》第 104 页，上海古籍出版社 2009 年版。

⑤ 中国传统礼法的“社会主义”精神的详情，可参《戒律学原理》第 112 页以下，台北老古文化事业公司 1999 年出版。简体版《佛教戒律学》第 85 页以下，北京宗教文化出版社 1999 年版。

⑥ 见《老子他说》（上）第 9 页，台北老古文化事业公司 1987 年版。

⑦ 此言是鲁迅说的，参自徐复观《中国思想史论集》第 269 页，台北学生书局 2002 年版。

⑧ 见蒋廉儒谈话全文，《龙旗》杂志第 2 期，1981 年 4 月号。我在香港时受南老师之命为孙穗芳著《我的祖父孙中山》序文起草，也把这段话列入为主题了。见南怀瑾著《中国文化泛言》第 291 页，北京东方出版社 2016 年版。

⑨ 此二书，由台北广文书局 1977 年、1979 年分别出版。

⑩ “中国哲学主流”的人物与标准，可参吴汝钧著《儒家哲学》第 193 页以下，台湾商务印书馆 1998 年版。

⑪ 参前书第 228 页。又参《二十世纪中华学案》（哲学卷三）第 262 页，北京图书馆出版社 1999 年版。

⑫ 这篇文章可在计算机网络查阅。